大展好書　好書大展
品嘗好書　冠群可期

大展好書　好書大展
品嘗好書　冠群可期

楊式太極拳
6

楊健侯
太極拳真傳

附 DVD

胡學智　著

大展出版社有限公司

武術大師楊健侯（1839—1917）

　　楊健侯，名鑒，號鏡湖，楊式太極拳第二代宗師。生於清道光九年（1839年），卒於民國六年（1917年）。他的拳術剛柔並濟、出神入化，刀、劍、杆各種器械無不精通。且善發彈，拿三四彈丸於手中，往往能同時擊中三四隻飛鳥，有「彈無虛發」之美稱。楊露禪逝世後，他接替父職在京授拳。他寬厚仁慈、稟性溫和，從不恃拳傲物，有極高的武德。

楊健侯太極拳真傳

胡星齋老先生（1888—1979）

　　一代武術宗師、楊式太極拳創始人楊露禪先生之子楊健侯先生晚年曾在清朝綠營消防隊任武術教練，教授楊氏太極拳。

　　當時胡星齋先生年約18歲，在綠營消防隊當兵，後任軍樂隊隊長，有幸從師於楊健侯先生達三年之久，同學者有田兆麟、牛春明等數人。因胡星齋先

生吃苦好學，人又機敏，頗得健侯先生賞識與喜愛，被健侯先生召到家中專門教授一年，指點精細，故得楊氏太極拳之精華。後因生活所迫，離京輾轉於江蘇淮安等地。舊社會，星齋老人家在上海給資本家當保鏢，新中國成立後在江蘇省清江市開設太極拳坊，徒弟很多。

在拜別健侯老師時，健侯老師說：「你和我學了三年，比在外面學十年八年還要強，以你的資質練下去定有成就。」20世紀60年代，胡星齋先生遷到瀋陽和平區砂山居住，當時摔跤、形意、武式以及其他門派上門挑戰者，未見有勝出。後星齋老人憑著高超的技藝和高尚的人品，成爲遼沈地區太極拳的代表人物之一，所傳弟子俱成爲太極拳的佼佼者，主要的有其子胡學智、戴玄等多人。

作者簡介

胡學智，1936年生，國家一級武術裁判，曾任遼寧省太極拳隊教練，遼寧省太極拳協會顧問。退休後專門從事太極拳傳授和太極拳拳藝與拳理研究工作。

從小喜愛武術，在父親胡星齋先生指導下常年堅持練習楊式老拳架太極拳，由於其好奇、好學、上進心強，青年時已切入其門，至中年時已小有名氣，20世紀70年代到北京專訪了吳圖南先生，受到吳先生悉心指點，吳圖南先生看胡學智練的拳式後說道：「你的拳式無多餘動作，式式有用，今後應向輕靈方面苛求。」20世紀80年代曾先後和陳小旺、顧留馨、楊振鐸、姚繼祖等武術界名人見面切磋、請教，探討太極拳運動的規律。常年堅持孜孜不倦地習練和教授太極

拳，即使在因長年工作在鐵路客車上，積聚了嚴重的風濕症而一度臥床不起，中西醫皆無明顯療效的情況下，也堅持在床上習練，不僅靠自身練功治好了病，而且功夫大有長進，漸至精湛，沾、連、黏、隨不丟不頂，拿、打、跌、發隨心所欲，與人交手常常控制對方於掌中，輕拿輕攏，讓對方感到不頂不拔，順而被控，於不知不覺中引君入甕，確已達到「全體透空，虛靈在中；形神緲緲，憑虛禦風」之境界。

更爲可貴的是，在研究拳技和拳理方面能面對現今人們練功中出現的問題進行大膽嘗試、開拓創新，取得了豐碩成果。幾年來，先後在《武魂》《精武》等雜誌上發表十多篇文章，闡述太極拳運動的若干規律。

在完整繼承八十三式老拳架的基礎上，繼承並完善了十三個練習各種勁路的單式，在準確繼承單雙推手大捋的基礎上，還創編了雙纏手、輪番式、龍行法、怪蟒翻身、雙龍潛底、雙擊首、卸甲法等雙人推手套路，在學生中悉心傳授。

由於精湛的拳藝和科學的教授方法，吸引了眾多太極拳愛好者前來求學，不僅瀋陽市內，外省、市甚至海外也有許多人慕名而來。面對來訪者，總是引以爲友，熱心安排，精心教授，毫不保留，讓人高興而來，滿意而歸，爲太極拳的傳承和發展作出了積極的貢獻。

目 錄

第一章　拳理篇

第一節　太極拳運動中常見的六大基本問題

一、關於勁源

太極拳講「用意不用力」、「意到、氣到、力到」。究竟勁蓄於何處？發於何處？勁源在何處？樞紐在何處？

本套拳法勁路的特點為：無論化勁和發勁，勁的聚集地均在實腿的腰間，樞紐亦在腰。

化勁或發勁，全身由手、腰、足統御，必須完整一氣，節節貫串，全身鬆沉。化勁同時蓄勁，要將腰以上部位鬆沉之勁和地面反作用勁合而為一，聚集在實腿腰部。發勁時為放勁，要將自身腰以上部位及腰以下部位之勁呈兩奪之勢。腰以上部位之勁向上，腰以下部位之勁向下，向下勁產生的地面反作用勁返上來，同向上的勁合起來作用於打擊目標。

這樣既避免蹬地出現浮病，又能保證內勁出腎入腎，

將勁力集中於打擊目標，具有滲透性，非常符合牛頓力學之原理。

注意不論「以身領手，或是以手領身」，勁的源頭均在腰。這是拳論上「動之則分，靜之則合」及「陰不離陽，陽不離陰，陰陽相濟」在拳法上的具體體現。

二、關於化勁、發勁

什麼叫化勁？什麼叫發勁？勁路怎樣走？

目前社會上對化勁有許多錯誤認識，歸納起來，有以下兩點：

一是以為化勁是撥開對方之力，為撥蓋（頂），不使作用己身，為邊引邊撥之法。

二是以為化勁只是利用自身旋轉，把對方之力經過自己的中心（即腰部）傳導到地面，「引力入地」。

以上兩種認識均是錯誤的，不符合拳論「引進落空」的原則。

就敵我雙方來講，化勁是為調整自身，引之進入圈內收縮滾轉落空，不使作用於我身，「來力貼身滾，處處空蕩蕩」，來時有吸提之意，我身之中心即真陽永遠不能與對方真陽相對。這樣反擊時在引化落空對方之力的基礎上，不拉開距離，原地反擊，犬牙交錯，容易奏效。

發勁時身形相反，身形要逐步放大並專注一方，打癟擊實。不論身形放大或縮小，要如同一英寸照片放大至五英寸照片一樣，保持中正，互不擠壓，開中寓合，合中寓開。同時注意蓄發相變，「來時有吸提，去時有黏逼」為

往來之要言。

三、關於神、形、意

什麼是太極拳的神意？如何運用神意？神意怎樣開合？

簡言之，神即是全身體力及精神狀態的表現，形於外，表現於目。意即是意識，是太極拳的思維，主於內。神要提起精神旺，眼神要靈敏，善於捕捉目標。意要專一安靜，既要指揮全面，又要突出重點。神意各有分工，有開有合。開時即兩奪，合時即相聚，如同行拳一樣。

太極拳講「用意不用力，意氣君來骨肉臣」、「意為第一主宰，腰為第二主宰」等，可見意之重要。行拳時意要飽滿，始終集中於勁路上，注意合理想像。

古人言「意到、氣到、力到」，只要用意鬆沉，用意慢慢指揮，時間長久，神經系統與骨骼、肌肉諸系統就自然能協調一致，旋轉、開合、伸縮逐步合意、達意，達到形意合一。

形意分家的太極拳不是合格的太極拳，要外形順遂，內意飽滿，形意合一。外形是內意的表現，內意是外形的根據。由形似、意同至形意合一是練習的步驟。

所以練太極拳特別講究用腦（心）、用意，要不斷揣摩，固意固形，才能有所提高。

四、關於身法

一是全身處處皆蛇形。由手、腰至足，完整一氣，無論旋轉、收縮或舒張，如大蟒蛇般。手指收縮一點，氣串

至腳下也收縮一點，一處不動即滯，必為人制。

二是動中保持中正，開中寓合，合中寓開。一收即癟，一開即板為病。

三是轉關時要注意一開再開，一合再合，一開一合，主要練外，再開再合主要練內。均在心意作用下帶動身體。

四是注意胸部的開合。即「運化在胸」之真意。

五是全身任何一個部位收縮或舒張要協調同步，特別注意掌或拳，掌形收縮或舒張如同荷葉，握拳也要鬆柔，行拳中從半握空拳一點點收，到終點時握緊出擊。這是外形上容易忽略的地方。

總之，行步時要注意保持「四個不變」（立身中正不變；合中寓開，開中寓合不變；保持得機得勢不變；握守我疆不變）和「四個不斷」（形不斷；意不斷；勁不斷；神不斷）。要鬆腰落胯，底盤放大；鬆踝屈膝，旋轉同期。「身形不變變在中，變中不變在其中」。

五、關於練拳的步驟及層次

從勁路上講，一層為鬆沉，二層為輕靈，三層為空無。從步驟上講，先站樁、走川字步，次練拳架（包括正反架）、推手（包括單推、雙推，活定步，到大捋、亂採花），再練器械。

特別要注意的是，站樁、走川字步是基本功夫，必須搞清勁路、神形等要點，否則一動即呈病態，改拳難矣！拳架是前人精華，要用心揣摩，仔細觀察，逐步達到標

準，然後合理想像，方能逐步昇華。每一動必須頭腦清晰，用意指揮全身，鬆沉旋轉，形意合一。如果頭腦空白一片或意識單純，則練習再多也難進步。所以太極用意不用力，練習時必須強化意識，只有在正確意識指導下才能練出正確的太極拳來。

推手重點從定步單推手平圓、立圓開始，只有基礎功夫紮實，運用靈活，周身一致，方能學習下一步驟，否則，容易式式滑過，一事無成。

練拳時必須心靜專一，中氣始終下降不可上提，否則上重下輕，易起浮病，為第一大忌。初練時注意不可用拙力、起強勁，不可配氣、憋氣，注意保持中正，在意識虛虛攏住的前提下，身體努力放鬆即可。要一步一層功夫，步步遞進，層層躍升，才能腳踏實地，登堂入室。心氣常下降，腦常用則靈；腎氣常上升，身常運則活，呈水火既濟之象，達到性命雙修的鍛鍊效果。

六、關於呼吸

呼吸自然放鬆是太極拳始終如一的原則。配氣、憋氣為兩大弊病，必須根除。身心常放鬆，中氣自然下降，呼吸之氣自然由口、鼻、胸部和中脘而達於腹內丹田，恢復先天之息，即胎息。

這是一個自然的、漸進的過程，如果配氣、憋氣，是拔苗助長，必受其害。古人講「服氣不長生，長生須伏氣」。服氣就是配氣，強制壓服；伏氣就是自然放鬆，中氣下降。人的心意一伏，則呼吸自然下降。

常見有些人練拳時意識不能集中在勁路上，而是專想著怎樣配氣，如何氣走經絡等，這些均為練太極拳大忌。要知道太極拳是自然拳、先天拳，「大道不繁，道法自然」。自然之中有真意，自然之中有先天。配氣、憋氣、配經絡皆為後天摸索，如何能返先天？因此，呼吸自然，鬆沉下伏，久久胎息自現，功力增強。

胎息是人體與自然界能量對接的前奏。能至胎息，則對接的「玄關」出現即不遠了，所以古人云「拳道合一」，拳雖小術，但合至道。

第二節　習練太極拳者易犯的弊病
　　　　及改正方法

在多年練拳及教拳過程中，筆者發現大多數練拳者尤其初學者普遍存在諸多弊病。根據自己多年的經驗及體會，在此總結出各種弊病的原因及防治方法，希望對太極拳愛好者有一些幫助及指導作用。

一、保持中正難

【病例】

在練拳過程中，練拳者身體不中正，東倒西歪，前俯後仰，周身彆扭，初習拳者尤甚。

【防治】

首先要做好「四平四正」，即「頂平頭正，肩平身正，眼平意正，心平氣正」。其次，為了使身體中正安

舒，支撐八方，必須做好「外三合」，即「肩與胯合，肘與膝合，手與足合」。

以摟膝拗步為例，左腳在前呈川字步，右肩與左胯合住，右肘與左膝合住，右手與左足合住。右腳在前，相反之。外三合就好像木工在豎門窗時，為了不變形，首先打個「×」來固定框架一樣。

當然，我們習拳者的外三合，主要是靠意念來實現的。太極拳的中正，並不是絕對保持身體中心與地面垂直，而是保持身體平衡。以「金雞獨立」為例，一定要使身體略傾斜，才能保證身體沉穩，即「斜中寓正」。在行拳過程中，要始終保持身體動態平衡。

二、「鬆」、「懈」無區別

【病例】

練拳時精神委靡，骨節閉合，好像支撐不了自己身體一樣，頭垂、背彎、胯斜、膝軟，兩手兩臂也是如此，肌肉軟癱一堆。拳架鬆懈丟瘟、無精打采。或雖練拳多年，但是情緒不濃，推手時丟瘟頂抗，毛病叢生。以上弊病皆由「鬆」、「懈」不分所致。

【防治】

首先要提起精神，注意意領。其次，所有骨節都要啟開，筋要鬆開，肉要沉，腰以上的勁往上，腰以下的勁往下，處處都要走出「兩奪」之勁來。用意不用力謂之鬆，不用意不用力謂之懈。所以拳論說，「用意不用力，在氣則滯，在意則靈，意氣君來骨肉臣。」

三、「開」、「合」分離

【病例】

練拳和推手時，知開不知合，知合不知開，拳勢開則散，合則癟，開合分離，根本談不上連綿不斷。行拳時棱角叢生，推手時丟癟頂抗，處處受制。

【防治】

開合是一個矛盾的兩個方面，開離不了合，合離不了開，開合同時存在。我們提倡開時注意合而不散，合時注意開而不癟，就是為了防止開合分離。

拳論說「開中寓合，合中寓開」是千真萬確的。當你功夫練到一定程度時，你會感到開中有開，合中有合，或者叫一開再開，一合再合，達到開合難分的程度。這是練太極拳和太極推手的關鍵所在。

四、足下無根

【病例】

盤架推手時，總是頭重腳輕，站立不穩，單腳難以自控，甚至雙腳在地也不穩當。主要表現為虛實變換得不好。前後虛實全靠前倒後移，左右虛實也靠左右搖擺，所以這是造成足下無根的根本原因。

【防治】

根治的辦法，主要依靠鬆腰落胯，重心下移，自然站立穩當。

具體做法：如弓箭步，後足實變前足實時，後足要

蹬，前足要撐，鬆腰落胯，在鬆沉中實現重心轉移，虛實變換。即在鬆沉中進退，在進退中鬆沉。這樣既可防止硬腿，又可防止軟腿，足下自然穩當有根。

五、不圓活

【病例】

棱角多，拳架硬邦邦，動作呆滯不受看，沒有太極拳味道。主要原因是沒有承上啟下和抹角所致。

【防治】

盤架和推手時，在開完合盡處，用鬆沉勁將上下兩式無間隙地連接起來，同時，在開完合盡處畫個小弧，這個小弧叫「抹角」。

就好像打籃球接球一樣，要有緩衝地接住並返回。有了承上啟下和抹角，拳架自然鬆柔圓活，連綿不斷。顯則像長江大河滔滔不斷，藏則像冰下流水視之不見。有了此勁，不僅拳勢優美，而且在推手化勁中起重要作用，這也是「內家拳」與「外家拳」區別之關鍵所在。

六、轉換不靈

【病例】

盤架時邁步遲重，起落不穩，老相重生，難以自控；推手時，攻哪守哪，頂抗有餘，不明化取，雖練拳多年，仍處處受制，此皆因雙重所致。

【防治】

首先要明陰陽之理，清晰自身虛實，邁步輕靈如貓

行，虛實的變換主要靠兩腎兩胯來完成。正確地變換虛實，腎應該能夠自然出入，腎的出入在推手中能夠取得事半功倍的效果。那麼，腎怎樣才能出入呢？

比如說，騎自行車時，一腳鬆沉下蹬，下蹬之腳一邊的腎胯隨之下降為實；另一腳沾黏吸提，腎胯隨之上升為虛：如果雙腳齊蹬則滯，犯了雙重之病。那麼，在練拳過程中，向前邁左步時，左腎左胯升起為虛，同時右腎右胯下降為實，左右反之。

概括地講，凡是虛腿的一邊腎胯升起；凡是實腿的一邊腎胯下降。無論盤架和推手都必須做到這一點，方才能實現拳論所說「出腎入腎是真訣」之要求。

其次，在推手中防止雙重，雙重病在推手中最難避免，我看過省市以至全國性推手對抗賽，發現選手們大都是生頂硬抗，你拉我拽，以力大小論輸贏，根本談不上是太極推手，更無技藝可言。

他們所犯的毛病通俗一點兒講，就是攻哪守哪，哪守哪攻，一句話是雙重病。想要不犯雙重之病，必須做到攻所不守，守所不攻，就能實現拳論所說「左重則左虛，右重則右杳」，則雙重之病自然消除。

七、壓肩多，鬆肩少

【病例】

沉肩墜肘，人們往往理解為肩峰往下沉，越沉越好，甚至著意往下壓肩，使肩背緊張，如負重擔，造成板胸不能運化，對推手影響極大。

【防治】

關鍵在於弄清肩的結構。肩是由肱骨頭、肩胛骨的關節盂和胸鎖骨構成。壓肩會使肩關節閉合，氣上浮，有憋氣的感覺。

要想鬆肩，必須肩關節自開，肩活胸柔自然能夠運化，才能實現拳論所說的「運化在胸」的要求。

八、圓多方少，柔多剛少，勁路不清，來龍去脈模糊

【病例】

盤架時，經常看到將開為方走成大圓，將合為蓄走成小圓。這樣，整套拳只圓無方，不符合太極拳的陰陽之理。結果是拳架不活潑，變化小，缺氣勢，不能引人入勝，蓋由勁路不清，來路不明所致。

【防治】

練拳和推手都必須該方則方，該圓則圓，圓盡生方，方盡生圓。方圓相生乃是太極拳陰陽之理。

想要走出方圓相生來，在一開一合中必須具備三個勁。即，圓是化勁，方是發勁，在方圓之間有個蓄勁。化勁時應鬆襠活腰，蓄勁時應合襠塌腰，發勁時應扣襠擰腰，鬆和扣必須適度，鬆過則散，扣過則滯。鬆和扣恰到好處，且三勁一氣呵成，不能分離間斷，方能練出剛柔相濟的太極拳真功夫來。

九、丟瘋較多

【病例】

盤架、推手時，常常是此處有，彼處無；一處有，多處無。凹凸斷續處處可見，拳勢不圓滿，因此，在推手時處處受制。

【防治】

要學會全面用意，在意的指揮下，周身都要有一定的掤勁，掤勁不能單純理解為向前、向上的頂和抗，掤勁就是母勁，一切勁皆由母勁變化而來，掤勁用好，感覺奇妙。用意就是練意，意既能照顧全身，又能突出重點。突出重點又要照顧全面，全面是為了重點，重點是全面的突出表現，這就是太極拳的整體觀念。

任何拳勢的變化都應意變在先，意是指揮官，又是先鋒官。無論盤架還是推手，周身始終保持動態平衡，同時又要千變萬化，這就叫「身形不變變在中，變中不變在其中」。如果我們做到這一點，拳勢自然舒展大方，緊湊圓活，舒展而不散，緊湊而不瘋，沒有斷續，沒有缺陷，沒有凹凸。工夫久了，就能鬆沉貫通，內外一致，無論行拳還是推手，都會感到奇妙無窮，丟瘋之病自然消除。

十、強求開合配合呼吸

太極拳之呼吸是太極拳愛好者所關心的一件大事，而一些書刊上又說法不一，使得練拳者無所適從。我想，談太極拳之呼吸，首先要弄清三大呼吸系統，即胎息、毛髮

呼吸及口鼻呼吸。這三大呼吸系統，不管你意識到或沒意識到，都在完成與大自然交換氣的任務。三者缺一不可，否則就要影響健康，甚至威脅生命。

口鼻呼吸氣入肺，只有胎息，氣才能下達氣海，才是真正的深長呼吸。呼吸深長，一般來說，身體健康，壽命長；呼吸越淺，健康越差，壽命越短。通常所說的腹式呼吸或丹田呼吸都不準確，準確的說法，我認為應該叫胎息。方法是用神闕穴進行呼吸，吸時神闕穴帶動肚皮往命門貼，呼時還是用神闕穴帶動肚皮回復原處。這樣一收一放，週而復始，任其自然。呼吸時注意防止腹緊，防止憋氣，腹鬆氣騰然。

跟我學拳的學生中，有幾個人背著我練功配氣，硬要一次呼吸完成一次開合，結果有的腹痛。後來他們向我說明了情況，我讓他們停止練拳，有的一兩個月病痛消除，最長者達半年之久。

實踐證明，太極拳的氣不是配出來的，而是透過長期練功練出來的！吳圖南老前輩完成每個式定要五六個呼吸，我們練拳每式也要五六個呼吸才能完成一次開合。然而，我們在單式練發勁時，呼吸和開合自然配合起來了。

楊班侯老前輩發人時，哼哈二氣定輸贏就是有力的見證。這裏說的慢，慢而不滯，慢而不停，是初期的練法；這裏說的快，快而不滑，快而不亂，是後期的練法。不管是快還是慢，呼吸都是自然的，毫不勉強。

正是：

諸病克服，掌握要領。腦靜神爽，安舒體鬆。

用意攏住，互為照應。虛實分明，轉換輕靈。

生機勃勃，無微不通。武能防衛，文也養生。

有情有景，節理同生。為所欲為，太極神功。

勸君立志，身作心雄。久久練功，功到自成。

四肢百骸，鬆沉貫通。缺陷已改，連接無縫。

舉手投足，精微細膩。玩味久久，妙趣百生。

推手練拳，節節貫穿。神能提起，虛靈在中。

好事千般，其樂融融。文武兼修，必得其宗。

第三節　太極拳運動中「勁」與「力」的區別

習太極拳者之間經常發生「勁」與「力」的爭論。有人主張太極功夫也離不開力氣，「無力不武」；而反對者則明確指出練太極絕對不能用力，「用力練不出真太極」。

特別是在推手時，經常發生這樣的情況：甲說乙的力量太大了，乙說自己沒用絲毫之力，只是放鬆了，用意念支配。甲說不可能，沒用力哪來這麼大勁？乙回答：我沒用力反而有勁，你用力反而沒勁，你用力越大反而覺得我的勁越大，因為越放鬆不用力，越能利用你的力，把我的勁和你的力合在一起作用於你。

為什麼會出現這種現象呢？要回答這個問題，首先必須清楚「力」與「勁」的區別。

在我們的日常生活中，從一般意義上講，「力」與「勁」是沒有區別的，即使你查最權威的字典，也很難找到二者之間有什麼不同。但在太極功夫中，「力」與

「勁」是含義完全不同的兩個概念，有著本質的區別。這種區別至少體現在以下三個方面：

一、「力」與「勁」的表現形式不同

具體區別在於力有形而勁無形；力顯於外而勁含於內；力方而勁圓；力直而勁曲；力遲而勁速；力滯而勁活；力浮而勁沉；力鈍而勁銳；力如鐵而易折，勁如鋼而堅韌，等等。

二、「力」與「勁」的練功方法不同

「力」與「勁」之所以有諸多不同表現，根本原因還在於產生「力」與「勁」的原因和途徑不同。也就是說，練「力」與練「勁」的方法不同，在人體內產生的作用不一樣，體現出來的效果就不大一樣。

一般來說，練力，是由緊張而激烈的運動，借助外力不斷加大身體負荷，以追求身體肌肉、骨骼等承受極限來提高打擊和抗打擊的能力。打擊和抗打擊的能力越強，表現出來的力量越大。

凡追求練力者，不論是哪門功夫，也不論方法如何變化，都要求力上加力，速度上加速，苛求最快的直接、直觀效果，練得非常火暴，非常激烈。有時為了達到上功夫快的目的，採用超負荷訓練法，不惜傷害軟組織，甚至不斷地進行傷害—恢復—再傷害—再恢復。

這樣練的結果，功夫上來得快，因此成績也就暫時上來了，但是同時也帶來了許多副作用，不僅功夫保持不長

久，運動生涯短，而且有害健康，影響壽命，許多長期從事競技體育的運動員退役後受到的傷病困擾，就是最好的例證。而用太極拳的方法練勁則不然，它不是急於求成，不是借助力，不片面強調身體抗外力衝擊的能力，而是要求鬆、靜、慢、圓、勻，要循序漸進，要鬆而不懈，空、鬆、圓、活，逍遙運轉。為了四兩撥千斤，為了勁整，為了傳遞，充分挖掘和調動人體內的潛能，發揮整體作用。

行功走架時，要求立身中正，支撐八方，儘管姿勢千變萬化，但都要遵循一定的規律，節奏均勻緩慢，動作收放到位，開完合盡處，均有承上啟下，轉彎抹角圓活，沒有斷續，沒有凹凸，沒有缺陷，始終保持動態平衡，無隙可乘。在意的指導下運動，全身放鬆，毫不用力，一開一合，合為蓄，四肢百骸之勁蓄到實腿的腰間，在化到盡頭擊時為開。開合虛實，一動無有不動，一節動百節應，上下協調，內外一致，從精、氣、神到筋、骨、肉，甚至小到每個細胞，徹底地調動起來參加運動，身隨意動，勁隨意換，君命一發百骸從。

反覆練習，隨意機能就不斷提高，內勁就越來越充實，極慢極快，極柔極剛，勁百運成剛，由純熟漸悟懂勁，由懂勁而接近神明，直到隨心所欲，為所欲為。

三、「力」與「勁」的練功作用效果不同

由於採用不同的練功方法，使得練「力」和練「勁」對於改善人體機能的作用效果和「力」與「勁」在對敵時的實戰效果都有很大區別。

　　練力，是挖掘人的肌肉、骨骼等的承受能力；練勁，是最大限度地調動和發揮人體的內部潛力，把人體內的所有部件、所有器官、所有運動細胞都綜合運用起來，發揮人體系統的整體功能，提供與改善人體從內到外的全部機能。如內壯自能衝開經絡中的堵塞，清除體內垃圾，使氣血暢通。正因為如此，才有「暴練力而壯其外，健其筋、骨、皮；緩練勁而壯其內，固其精、氣、神」之說。

　　練力，見效快，但易受傷而產生副作用；練勁，見效慢，但越堅持練則效果越好，不但沒有任何負面作用，而且沒有增長的極限，不會隨年齡增長而退化，而且功夫越練越深厚，內勁越練越充足。

　　練力，使人身的筋、骨、皮越練越粗壯，但也變得越來越僵硬，使出來的力氣方直而遲鈍，且輕浮在上，對人威脅不大；練勁，使人身的所有部分得到綜合訓練，且越練身體越靈活、柔軟、富有彈性，由內到外發出的勁圓曲而速度極快，勢大勁沉，銳利無比，極具威脅。

　　一般來說，練力最多能發揮人體現有功能的70%～80%，而練勁不但可以充分發揮人體現有功能，而且可以由長期練功來改善和提高人體現有功能，使人體發生心理及生理變化，產生新的能量。這種能量運用到技擊中，就會產生巨大的威力。

　　做個形象的比喻，勁百鍊成剛的過程好比在人體內逐步提煉原子鈾並製成原子彈，發勁瞬間，就好像核爆炸。在實戰中兩力相遇，小力讓大力，弱者讓強者；「力」與「勁」相遇，勁不受力，力擊表面而勁直透內裏，千斤力

遇四兩勁，勁吞而克之。

筆者練過多年太極功夫，同道常有人來試手，在安全、文明和不傷和氣的情況下進行。最簡單試驗力與勁區別的方法是，被擊者將臂伸出，高低遠近適宜，一不躲閃，二不較勁，三技擊形式不限，四技擊範圍為指根到指梢。訪者年齡25～45歲，體重75～105公斤，身高170～190公分。他們都體壯如牛，拳面繭子很厚，一看便知是練過硬功夫的，可當對方擊出時，本人感覺並無多大分量，讓其盡擊無妨。筆者進擊時不拘姿勢，隨便坐立。舉手用鬆沉勁向下或向前輕輕一擊，毫不用力，但內在勁道極其剛烈，凡試者均感手重，勁透骨裏，疼痛難忍。

筆者雖七十有餘，身高不足170公分，體重62.5公斤，各方面的基本條件都不及他們，但出手又勝過他們，這不能不說明練功方法不同而產生的「力」與「勁」有著本質區別。

總之，經過一定時期的太極行功走架，摧掉先天之力而產生新的力，叫太極勁，由力到勁是摧僵期，一般需一兩年時間。猶如煉鋼一樣，將礦石煉成鐵，生鐵煉成鋼。柔不成無物，鋼不成生硬。這段時間最能使人產生心理動搖，甚至棄而不練。若鍥而不捨，堅持練功多年，必得剛柔相濟之功，獲深厚圓滿之太極勁。

第四節　談太極拳的十三式勁法

太極拳雖有各家各派之別，拳式少者幾十式，多者上

百式，但都離不開掤、捋、擠、按、採、挒、肘、靠、進、退、顧、盼、定這十三式。掤、捋、擠、按是四正手；採、挒、肘、靠為四隅手；進、退、顧、盼、定是五步。所以人們常說「掌運八方，足行五步」。拳架是體，推手是用，二者相輔相成，缺一不可。

太極拳的一招一式都有其技擊意義，只有真正瞭解其含義才能把拳架練好。練拳架是練「知己」的功夫，要認真練好每招每式，透過練習使自己周身上下左右動作協調、運轉自如，為推手打下良好的基礎。

推手是拳架的進一步發展，是練「知彼」的功夫。透過練習，才能逐漸體察對手動作的遲速輕重、尺寸分毫以及變化動向。只有對對方的意圖瞭如指掌，進擊方能生效。因此，推手可以檢驗拳架在實踐中的技擊作用，但沒有良好的拳架基礎絕對不會獲得高超的推手技術。把推手和拳架辯證地統一起來才能練好太極拳。

無論練拳或是推手，懂勁是至關重要的。下面筆者對十三式勁法逐一加以淺述。

一、什麼是掤勁

不丟不頂稱為掤勁，掤勁是百勁之母，因為它貫穿於太極拳和太極推手之始末。有了掤勁才能有聽勁，有了聽勁才能有沾黏勁。掤、捋、擠、按、採、挒、肘、靠，以及化、引、拿、發等，皆由此勁而生。勁千變萬化，能長能短，能大能小，能方能圓，能上能下，能明能暗。

無論得勢爭來脈，出奇在轉關，以及在不丟不頂中聽

消息，都離不開掤勁。掤勁的品質、掤勁的變化情況決定著拳架的優劣、推手的成敗。由此可見掤勁的廣泛性、變化性及主要性。

一名太極拳好手，他的掤勁應該是摸得著按不住，丟不開甩不掉，沾黏不脫。掤則無所不起，拋則無所不出；仰則彌高，俯則彌深，週而復始。

綜觀各地的演練和各種對抗大賽，頂牛的太多，拔河的太多，各種變相比力的太多。究其根源是不少練功者對掤勁的理解具有片面性。如「掤勁兩臂要撐圓」、「向前向上稱為掤勁」、「掤住對方勁，不使之落在自己身上」……這些觀點太單一化，忘掉了掤勁化、引、拿、發的作用，所以造成攻哪守哪、守哪攻哪的頂牛和變相頂牛的局面。

那麼，怎樣運用掤勁呢？掤勁在攻前是聽勁，是偵察兵，任務是瞭解敵情，探聽虛實。重兵把守的地方應該放棄，擊其無備之處，這叫避實就虛。

為了將掤勁說清楚，舉個例子：二人單手而搭，腕與腕相接，甲方向乙方胸前逼近作攻勢，乙方在甲方著力處減其力作牽引而不頂，乙方手背在甲方手背的後面加力作推動狀而不丟。

這樣在一臂之間實際上有三種力存在，前面是乙方的牽引力，中間是甲方進攻的慣性力，後面又是乙方的推動力。三力合一沒有間隙，用退螺旋勁將甲方來勁引向身外。換過勁來，乙方再向甲方進攻之時，用進螺旋掤勁黏逼對方，使其出現虛實而擊之。

這是掤勁的正確運用。如果將這種三勁合一的攻化之勁引向全身，就能練出全身都是手的太極真功夫。

在用掤勁時應注意三點：

1. 掤勁不是頂抗勁；

2. 化引掤勁不能將對方的勁落到自己身上；

3. 注意用好螺旋勁。

二、什麼是捋勁

向後、向下、向外轉移對方的來勁叫捋勁。凡是對方運用掤勁、按勁、擠勁向我進攻時，均可用捋勁破之。捋勁是主化，用捋勁時，要輕要順，在順中略改變方向，像撫摸小狗等小寵物毛一樣順毛輕輕摩挲，用勁重了對方容易發覺，變勢滑脫。

捋到我順人背時，發捋勁準跌無疑。在用捋勁時，應注意對方肩靠胯打。

三、什麼是擠勁

兩臂合力向對方身體擠壓稱為擠勁。擠勁用在按勁未盡時，是發勁的第二組進攻。其勁主攻，攻勢勇猛，是典型的合力運用。

四、什麼是按勁

一手控制腕，一手控制肘，向對方胸前發勁叫按勁。現在社會上流行的所謂掤、捋、擠、按已經殘缺不全，更談不上按前帶有牽引之意了。

五、什麼是採勁

採制對方的勁叫採勁。一般解釋如採花摘葉、採摘果實等。本人認為採勁上能採天傷其頭，下能拔地拔其足。傷其頭，發直斜震顫勁。拔其足，發上旋、下旋、左右旋轉勁，都能拔其根而跌之。

六、什麼是捯勁

旋轉擊人的勁稱為捯勁。人們常說捯在兩肱，在推手中常用不鮮，如迎面掌又稱捯掌。

七、什麼是肘勁

用肘擊人稱為肘勁。肘勁是近距離的技擊方法。常用的肘勁有：搬攔肘、拗攔肘、穿心肘、窩心肘等。肘的運用是千變萬化的，極易傷人，應謹慎使用。

八、什麼是靠勁

凡是用身軀擊人稱為靠勁。靠有肩靠、背折靠、七寸靠等。胯打也屬於靠勁。用靠時要十分謹慎，有必勝的把握才能使用，否則，擊人不成反被所制，主帥受制成敗可見，望慎用之。採、捯、肘、靠在社會上非常少見，見到的也面目皆非，像擺設一樣缺乏技擊意義。

九、什麼是進、退、顧、盼、定

1. 進退就是進步與退步，勝在進，不敗在退。無論是

進還是退，均需在鬆沉中進行，即要求進退中有鬆沉，在鬆沉中有進退。做到沒有斷續，沒有凹凸。

2. 左顧：不能單從字面上解釋為只顧左面，而應該上下左右、周身都要顧及到。

3. 右盼：同左顧一樣應上下左右都看到。也就是說要做到眼觀六路，耳聽八方，又需周身協調，保持身體重心動態平衡。比如：手後引，腿要向前邁；手左引，右腿向右進等，都是顧盼的正確運用。

4. 定：不是身體定位不動，而是不管姿勢如何變化，都保證身法、手法、步法沉穩、不紊亂，意氣、內勁保持穩定不變，以靜待動。

拳練萬遍，拳理自現，推手萬遍，技巧叢生，二者即融為一體，內外三合融會貫通，無論是行拳還是推手，都能以不變應萬變，物觸即應，甲掤乙空按掌到，乙将甲方肩肘靠，甲靠乙方捯掌使，甲方轉身把採用。真是你進我退，你左我右，你上我下，以開破開，以合擊之；以合破合，以分擊之。

以其人之道還治其人之身，在任何時間、空間、方位都能借力打人，方是太極拳的本來面貌。

第五節　化勁、蓄勁和發勁

太極拳的勁有多種表現形式，但歸納起來只有化、蓄、發三勁。此三勁是太極拳諸勁的核心與靈魂，許多太極拳愛好者雖練拳多年，仍掌握不了太極拳行功走架之要

領，更無法領會太極拳推手之精妙，其主要原因在於對化、蓄、發三勁認識不清。

什麼是化勁、蓄勁和發勁呢？王宗岳的《打手歌》中專門提到了「引進落空合即出，沾黏連隨不丟頂」，這句話，既描述了推手的整個過程，又點出了化、蓄、發三勁。化勁，就是化掉對方之來勁，使其勁在我身上任何部位都無著力點。

怎樣化掉對方來勁？就是要大膽地放縱對方之進擊，毫不用力地讓其勁輕輕貼著我手、臂、身的肌膚，像浮萍一樣浮於皮毛之上，並以此為屏障，隱蔽和轉移自身重心，縮短敵我之距離，使肢體各部佔據有利位置，用意由手、臂、身的肌膚感知，順勢牽引使其來勁落空。所以，「引進落空合即出」裏面的「引進落空」就是化勁。

蓄勁，就是積蓄全身之力於一處，蓄勢待發。而這一培養和積蓄內勁的過程含而不露。「蓄勁如張弓，發勁如放箭」是對蓄勁最形象的比喻。「引進落空合即出」的「合」字就是蓄勁。勁蓄足時，也正是合到恰到好處時，猶如槍的扳機扣到無緩衝地步，一觸即發，方為蓄足，所以「合」即是「蓄」，「蓄」即是「合」。

發勁，就是將積蓄在腰間的內勁向四肢發放，用內勁將對方發放出去。「引進落空合即出」裏面的「出」字，就是發勁。

怎樣做到化勁、蓄勁和發勁呢？一般來說，化勁、蓄勁是在鬆襠活腰、合襠塌腰的時候，以命門兩側為集結點，鬆腰落胯，鬆踝屈膝，四肢、周身經筋、肌肉隨著骨

骼順纏向內，節節鬆沉，節節旋轉，節節貫穿，節節收縮，人整體形象由大變小，由高變低，從四面八方向命門處收縮，邊收縮邊旋轉，好似水的旋渦由大到小，又似被抻長的皮筋回縮鬆開讓其回收一樣，是由內向外的收縮，而絕不是像手風琴那樣，從兩端向中間壓縮。這樣形成的化勁能像磁鐵一樣將對方吸入，而蓄足的勁則如拉滿弓的箭一樣發出。

發勁時要扣襠擰腰，使腰勁向四肢發放。周身經筋、肌肉隨著骨骼逆纏向外，節節鬆沉，節節旋轉，節節延伸，同時要沉著、鬆靜、專注一方，放長擊遠。猶如發射出去的子彈頭，迅猛無比。無論化勁、蓄勁還是發勁，關鍵全在腰腿。「命意源頭在腰隙」、「勢勢存心揆用意，刻刻留意在腰間」、「身似車輪腰似軸」、「腰如弓把，腳手如弓梢」等論述，無不說明腰的關鍵作用。

全身在意的支配下，以腰為主宰，大關節大動，小關節小動，肌肉、皮毛乃至細胞微動，一動無有不動。這樣就能行氣如九曲之珠無微不到。大動如長江大河波濤翻騰；微動似冰下流水，暗流滾滾視之不見。無論是大動、小動、微動，均要根據變化的需要而動，切不可妄動。如能這樣，走架時勁路清楚。

起伏適度，收放到位，開完合盡處啟承圓活，連綿不斷，無隙可乘。化、蓄勁如水的旋渦，來力無不捲入；發勁時，如離弦之箭，勢不可擋。不僅完全遵循人體內在運動規律，且能顯示出人體外在的造型美，極具欣賞價值。

化、蓄、發三勁是相互聯繫、相互轉化的一個整體，

必須綜合運用。但化不等於蓄，蓄不等於化。化、蓄也不等於發。三者既有共性，也有個性，不能混淆。化勁時要鬆襠活腰，蓄勁時要合襠塌腰，發勁時要扣襠撐腰。應注意的是，襠鬆過則散，合過則滑，扣過則滯。鬆、活、扣必須適度，這是對化、蓄、發勁的基本身法要求。

拳論中反覆強調「開中寓合」、「合中寓開」是有道理的。特別是化勁。化勁當中要有蓄勁，蓄勁當中要有化勁；邊化邊蓄，邊蓄邊化，一化再化，一蓄再蓄，化盡蓄足，蓄足化盡。這還不夠，還要在化、蓄的同時有個「拿」，不拿不能發，拿是發的前提，只有這樣，才能將化、蓄的被動地位變為主動地位。

在行拳過程中，沒有單純的化和單純的蓄，更無單純的發。化、蓄、發是相互聯繫、相互轉化的。化其左，攻其右；化其上，攻其下；化其一點，取其一片。化中有攻，攻是重點；攻中有化，化是輔助。化中有攻才能不扁不丟；攻中有化，才能不頂、不抗。這是「引進落空合即出，沾黏連隨不丟頂」的推手要領與「三勁」的具體運用。在此意義講，退就是進，後就是先，遲就是速，守就是攻。還可以說在推手過程中，有進無退，有先無後，有速無遲，有攻無守，守攻相變。「彼不動，己不動；彼微動，己先動」、「後發先至」等均有此義。

在練拳或推手時，練功者經常會出現兩種毛病：

其一，一鬆就懈。周身像無骨一樣，軟成一堆，猶如敗下陣來的兵，無章法，無秩序，亂成一團。這種毛病在推手中的直接表現是丟勁，最易被對方壓扁而受制。產生

這種毛病的原因是化勁中缺乏蓄勁，缺乏進攻意識，缺乏合中寓開。

其二，一蓄就僵。只會手腳向腰間彎曲或延伸，而胸似木板無靈活反應。身無收縮、放長和旋轉，這樣就大大地阻礙了內勁的傳遞——收與放。在推手中表現為僵滯和頂抗，容易形成槓桿被對方所利用。產生這種毛病的原因和前一種正好相反，是蓄勁中缺少化勁。

化勁、蓄勁、發勁構成了太極勁的整體，三勁連成一圈是個整勁，「虛攏詐誘，只為一圈」。雖圈有大小，有形無形，但一圈恰好是一個推手動作的全過程，也是一個拳架動作的全過程。也就是說：化、蓄、發三勁正好是一個拳式或推手的全過程。

「勁百運成剛」。運何勁？就是運化、蓄、發三勁。三勁就是運動的全過程。平素練拳，運我三勁；推手練習，用我三勁。「三勁」心中存，苦練即通神。

第六節　太極拳運動中虛實變化的規律

習練太極拳者，尤其是習太極拳通推手者，非常講究和重視虛實。那麼，何為虛？何為實呢？虛者：看著有，摸著無，抓不住，放不出；實者：看著有，摸著有，抓得住，放得出。一虛一實、變化莫測是太極拳的基本戰略戰術，也是應敵變化的重要指導思想，即取勝之道在虛實。

為給虛實一個清晰的整體概念，這裏筆者想談談虛實

相生、相長、相消及相變的規律和特殊的虛實。

手足有虛實，肢體有虛實，內外有虛實，上下有虛實，可以說周身處處都有虛實。那麼，虛實又是怎樣生衍的呢？筆者在多年的練拳、教拳和推手中體會到虛實的生衍是這樣的：

以搬攔錘為例，右足為實，左足為虛，右足重心前移到左足為實的同時，左掌化為虛，右掌擊為實，此時，左足右拳為實，右足左掌為虛變式為雙推掌時，右足要一實再實，左足要一虛再虛，一句話，凡是起腿時支撐腿要一實再實，虛腿要一虛再虛。實，不是完全站煞，是虛靈在中；虛，不是空無，而是意神仍在。右腿鬆沉而提起左足，此時，雙手回收為虛，左足提起亦為虛，右足為實。拳式繼續衍變，左足落地，由虛生實，同時雙手推出為實，右足由實生虛。

從以上兩個例子三個過程中不難看出虛實轉換的全過程達到了虛實陰陽平衡。筆者由此總結出虛中生實，實中生虛；虛極生實，生虛；一實再實，一虛再虛的規律。不僅如此，還可以得出：蓄勁時，三虛包一實；雙手發勁時，三實含一虛；一手發勁時，手足雙虛、雙實的規律。

虛實的變化還可以說很多，剛開始學拳的人，在立身中正努力放鬆的條件下，根據拳架的需要，意念大多數都用在重心向前後和左右移動、手足輕重來分虛實，這樣虛實比較大，我們叫大虛大實。大虛大實拳架顯得呆滯，缺乏太極拳味道；推手也顯得遲重變化不靈，處處受制。這是初步的虛實功夫。

　　拳架熟練以後，意念以腰為軸，兩腎不斷旋轉來帶動肢體變換虛實，這樣的虛實主次分明而且細膩。腎是先天之本，技巧所在，腎能左右旋轉，上下吸提，拳架、推手就練到了點子上，體現了腰為第一主宰的作用，虛實的質量達到了昇華。這樣的虛實，我們叫小虛小實。小虛小實拳架細膩，處處進退有轉換，處處往復有折疊，太極拳味道特別濃厚，剛是剛，柔是柔，剛柔分明，極具欣賞價值；推手變化乖巧玲瓏，受制則少，制人則多。這是虛實的第二步功夫。

　　高層次的虛實功夫，不在形體而在意氣，無形無象，這樣的虛實非常難以捕捉。如果具備了這種功夫，捕捉對方極其容易，這就是練虛實的第三步功夫。

　　練拳，練的是自我虛實，是虛實的正常運轉，也是健身防身、提高技擊的基礎。推手，是虛實的非正常運轉，對方攻退的長短、輕沉、時速、方向等均由不得我們，要根據對方虛實變化而變化，內容極其豐富，用文字很難說明。

　　在這裏，筆者只想談談推手時，虛實的運用應注意哪些問題。

　　虛對實而言，虛必須蓄足自己的勁，將弓拉滿，這是一；虛必須借實之力，將對方提得起，這是二；虛必須使來力落空，這是三；虛必須虛中藏實，有反攻的準備，如子彈上膛，這是四。這四條是虛的真正含義。

　　實對虛而言，實，謹防貿然進攻，貿然進攻容易中計，這是一；實要佯攻，擊其虛中之實，叫打瘟擊實，這是二；實為攻，要一攻再攻，有後繼部隊，這是三；實中

要含虛，以防不測，這是四。這四條是實的真正含義。

同時，還請讀者注意，虛對虛則丟，實對實則頂，丟、頂是太極拳的兩大忌諱。

虛實，有一般的虛實，也有特殊的虛實。我們不僅重視一般的虛實，更重視特殊的虛實，因為特殊包含一般。那麼，什麼是特殊的虛實呢？分蹬腳和二起腳就是特殊的虛實，眾云不一，爭論的焦點，總的說還是在虛實上。

有人認為：分蹬腳的支撐腿一直是實腿，理由是始終支撐著全身的重量。

筆者認為，這是停止不變的觀點，被假象所迷惑，是對虛實的誤解。分蹬腳有個蓄勁和發勁的過程，蓄勁時支撐的是實腿，發勁時支撐腿是虛腿，分蹬腳為實。因為實極生虛，虛極生實。猶如日頭雖然很強烈，但因為已過午時，則陽極生陰。

還有人認為：兩腿間的虛實，實腿百分之多少，虛腿百分之多少。這是兩腿間的虛實轉換，無可非議，但沒有完成正常的虛實轉換，筆者在虛實相生中已談過，不再贅述。

筆者還認為，不可片面地理解「三虛包一實」，尤其是始終三虛包一實的觀點增加了問題的嚴重性。因為始終三虛包一實的觀點不符合拳架和拳理的實際，有三虛必有三實，方能保持虛實的陰陽平衡。前面已經有三虛、三實的例子，也不再贅述。

那麼，怎樣分二起腳的虛實呢？筆者認為，左腳上踢為實，下降為虛；右腳上踢為實，下降為虛。正如鞭炮的二踢腳一樣，一響沖天而起為實，下降為虛。再響又沖天

而起為實，下降為虛。不少太極拳愛好者，練功十幾年甚至幾十年，動手受制，皆因虛實不清。

虛實二字，看起來非常簡單，實際上非常複雜，內容極其豐富，虛則合、蓄、收、沾、輕，柔；實則開、發、放、黏、沉、剛等，可以說虛實代表了太極拳的全部精神實質。班侯、健侯等老前輩，虛時吞得江河盡，深不可測，使人提心吊膽；實時吐出驚濤駭浪，使人肝膽俱裂。

在意念、氣勢下的虛實，是精氣神的表現，精氣神決定了虛實的品質。虛實的品質越高，精氣神就表現得越好；精氣神表現得越好，虛實的品質就越高。當務之急，練好虛實，還虛實一個本來面目，再展太極拳的神威。

為虛實賣力，為虛實作歌，永頌虛實：

　　虛生實來實生虛，虛虛實實實實虛。
　　眞虛眞實多難求，磨礪數載不成器。
　　但得虛實陰陽理，功到虛實自然清。
　　虛則吞得江河盡，實則吐出鬼神驚。
　　虛實本是一首歌，虛虛實實攻不破。

第七節　意、神、形的關係

太極拳的意，太極拳的形，本來是一體。意主形賓，賓主形影不離，意中有形，形中有意；意達形，形合意，形意合一，協調一致，才是真正的意形統一。但在練拳和推手實踐中恰恰相反，形意又很難統一起來，總是差距統一，再差距再統一的發展過程。太極拳的反覆實踐，意促

形，形促意，形意的品質不斷提高，將太極拳的藝術推向妙境。

那麼，到底什麼是意？什麼是形呢？意在大腦中樞神經或人的大腦思維，簡單說就是腦、心、思想。意是意念，是靈魂；形是形體，是套路。抽象的意，具體的形，形成了太極拳和太極拳推手。

太極拳用意不用力是眾所周知的原則，下面借它來談談太極拳的意和形的具體運用。用意就是用心，用心要專，心始終貫串練拳、推手的全過程並起指導作用。該起的起，該承的承，該轉的轉，該合的合，一心運我太極勁；不用力，實指摧掉人先天之力，即拙力、笨力、本能之力。摧掉僵勁後，產生一種質變的力，大家呼之為太極勁。這種勁十分特別，或慢或快，或輕或沉，或柔或剛，適應性強，應變及時，無堅不摧。用意不用力說出來容易，做起來非常之難。千古一句，用意不用力，是總的原則，但實踐上，缺乏具體方法。因此，多年來真正會用意不用力的實在太少了。

廣大太極拳愛好者，苦於不懂、不會、更不善用意不用力。只會用意畫道子、記套子，其餘腦中一片空白，練拳幾年、十幾年，甚至更長時間也練不出內勁來，人們稱之為「太極操」或者「太極舞」。

那麼，如何用意不用力呢？下面筆者用簡單的方法逐個說明。

太極拳講究的是開合二字，再深一點就是一開再開，一合再合。一開一合，重點練形；再開再合，重點練內，

但二者不可孤立起來。用意不用力，習拳之人，身心完全放鬆，絲毫不掛力。越鬆越好。但意不能丟，丟了意就丟掉了靈魂。意在為鬆，意丟為懈。

意象遙控器一樣，控制並指揮全身心，進行有規律、有秩序、有節奏的運動。一處失控一處亂，殃及全局。意在指揮中，既要全面，又要突出重點。以搬攔錘為例，錘手就是重點，其餘三肢及全身均為這一錘盡其責。打好這一錘並不是那麼容易，這裏有力源、力傳、力的落點等。

初學的人或只會「太極操」、「太極舞」的人，是萬萬做不到的。因為套路，特別是傳統套路，內容豐富，技術性強，要求嚴格，認識並找出差距才利於提高。

造成太極拳意形難以真正統一的原因有：造拳人真才實識，前輩劍拳意形均高於後來學拳人的意形，這是一；學拳人自身矛盾，意不達形，形不和意，這是二；起、承、轉、合不好，運我太極勁就更談不上了，這是三。

由以上三點，筆者認為，學拳、學推手均要慢慢地進行而且十分認真。像寫字一樣，一筆一畫，下筆正確，框架得體，無有差錯地將套路學完，學完了套路，有的人認為萬事大吉，我會太極拳了，再得點兒什麼榮譽，心裏簡直美極了，美得忘乎所以。說實在的，套路是有限的，提高套路和推手質量是無限的。離寫好字、練好拳，成為真正的名家差之萬里。請有繼承、發展太極拳事業之心的青年朋友更應該注意這一點。

再說練拳、推手又和寫字不一樣，它是周身性的同時運動。如雙按掌，雙掌向後，腳卻向前，鬆腰落胯，鬆踝

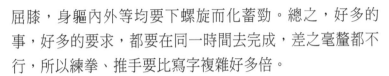

屈膝，身軀內外等均要下螺旋而化蓄勁。總之，好多的事，好多的要求，都要在同一時間去完成，差之毫釐都不行，所以練拳、推手要比寫字複雜好多倍。

學拳時，日日見新，日日見長，信心足有奔頭，達規範、合標準；放鬆摧僵則不同了，日不見新，月不見異，只是固意固形，得到意形統一，筆者叫自我定型。一是時間長難以定型；二是反覆性大，捉弄人。練拳的過程，人人幾乎都遇到這樣的情況，今日好一些，明日差一些，後天感到不會了，大後天又好一些。就是這樣好好歹歹，反覆無常，真叫人受不了，但是，可以肯定地說，每反覆一次，就有一次提高。

在這段時間時，不少太極拳愛好者失去了信心，真是可惜。只有鍥而不捨，始終如初者，苦苦追求，才能養成一種新的習慣，舉手投足自然合乎太極拳標準，形意達到了統一和定型，再練功夫，蒸蒸日上，在推手中能攻善守，變化無常，保持動態平衡不變，這種定型是高級定型，是立於不敗之地的定型。

話說回來，要練出高層次的太極功夫還得從開合談起。說開就得先談合，四肢百骸的勁，統統合到實腿的腰間，合要合得足，開才能開得妙。開時，腰以上的勁往上，腰以下的勁往下；往上多少勁，往下就多少勁。猶如樹多高，根多深，樹越高，根越深。這樣自然形成了「兩奪之勁」，雙浮之病可避。下去的勁上返，上下統一起來，向目標出擊效果最佳。開而合，合而開是太極拳運動的全過程。勁百運成剛，無堅不摧。你看，說得多容易，

做起來實不然，在運動的過程中自身矛盾不斷出現，互相牽制、互設障礙、互耗其力等。

為了將問題說通俗、易懂、明白一點兒，在這裏做個比喻：一支軍隊，前面進攻的速度慢，中後部進攻的速度快，前面倒成了中後部軍隊進攻的障礙；相反，前面軍隊撤的速度快，中後部軍隊撤的速度慢或者不撤，中後部軍隊倒成了前面軍隊後撤的障礙。

如此類推，不能使自己的力量統統作用到對方身上，效果自然不好。原因非常清楚，就是欠缺協調，行動不一。要想提高運勁的質量，增強打擊力度，首先要征服自身，讓自己的功夫練到「點狀人體形象」，點點化其力，點點借其力，點點擊其力，如自行車中的軸承一樣，珠與珠之間，間距準確，均速轉到，互無擠壓；力源充足，力傳無阻，落點準確，效果自然會好，久久苦練，必獲雄厚乖巧的太極真功夫。

此外，意形還有更難駕馭之處。如果一個人能誠一點兒心，虛一點兒心，耐一點兒心，細一點兒心，願意自省並能改進的話，就能不斷發現問題和解決問題，不斷進步和提高。比如說，你想靜靜地慢慢地安下心來練兩趟拳。結果越靜，越慢，越想安下心來，思緒越亂，七百年的穀子、八百年糠，都能夠翻騰出來，難以抑制。形在練拳，意卻跑了。

如誰借的錢沒還啦！真不夠朋友……還想著今天回家或機關幹點兒啥……連慪氣的事也來湊熱鬧，再說現場也是如此，有人從你面前走來，你要看個清楚，你的意就跑

了！有一隻小狗跑過來，你要從小狗的來路，弄清楚小狗的主人是誰，你的意又跑了！想這想那，想得很多。

一句話，你的意沉浸在往事現場和今後的事物之中難以自拔。意不顧形，當然就不能指揮形了。意形分離，使形無主無魂，請問，對身心健康和攻防技術能好嗎？

那麼，什麼是形不合意呢？在教拳、推手過程中，有的人接受能力強，有的人接受能力差；有的人一教就會，有的人教好幾遍也不會。

他們自己就說：「我真笨，心裏明明知道就是做不出來。」這就是形不合意。

心靈手巧的人，意容易達形，形也容易合意；心靈手笨的人，意容易達形，形卻不容易合意。但經過自己的努力，意總是能達形，形也能合意。

如何使意形合一呢？這確實是一個難上加難的問題。唯一的辦法用自己的正意，堅定不移地去戰勝你自己那顆天生好動、好奇又散漫的意。一句話就說透了，說到家了，做起來可不那麼容易。沒有長期、艱苦、反覆的習練過程是絕對解決不了的。

在練功時，就算你解決了，那麼，你能做到聽而不聞、視而不見嗎？朗朗的讀書聲、雜亂的嬉笑聲、不堪入耳的謾罵聲、眾多狂喊呼叫聲，震耳欲聾，你都聽到了，但心不煩、意不亂、不著急、不上火，一點兒也不影響你練功夫，叫聽而不聞；在你的視線以內，你全都看到了，但不清楚、模模糊糊，只是框架，叫視而不見。

千萬不要看個清楚，搞個究竟，稍加識別你的意就跑

了。說通了，聽懂了，也用了，意就不跑了嗎？還是會跑的。怎麼辦？跑了回來，再跑了再回來……反反覆覆，運勁的一念，貫串始終。做到意不丟、勁不斷、神可接，久而久之，就會征服你自己那顆天生好動、好奇又散漫的意，練好太極功夫。

說了意和形，不能不說神和意，這點非常重要，它屬於高層次的東西。那麼，什麼是神呢？神有三層含義：神是人身心健康與否的總和，以眼神為代表。眼大不一定有神，眼小不一定無神，主要看眼睛的亮度，可以確定一個人身心健康如何，這是一；太極功夫比較好的人，舉手投足，渾身上下左右，皆有一股神氣，如同西班牙鬥牛士的那個牛，每根汗毛都透露著一種神氣，這種神氣是功夫好的表現，這是二；在推手中能攻善守，變化無常為神，就更勝一籌。這三條是神的基本意義。

神、意各有分工，神主上、主外；意主下、主內。但神、形均屬意管轄，也是意的表現。眼的任務也是神的任務，專管尋找和盯住目標，意的任務專管組織人體所有力量打擊目標。

請讀者特別注意：練拳、推手時，眼睛不要老死死地跟著自己的手走，大家稱以手領眼，如果眼跟著手走，時間長了，頭發昏；更重要的是沒有發揮眼睛的應有作用。失去了神主上、主外和意主下、主內的重要意義了。應該做到在意的指揮下，神先形後，神開形開，神收形合。

一句話，神領手而不是手領神。神形的開開合合，意是主宰。現如今，筆者方體悟到「意氣君來骨肉臣」這句

話的真實意義。

正是：

勸君用意苦練形，神先形後緊相連。

意主開合神形現，心是主宰不露鋒。

下大工夫求雙定，不經磨礪難成器。

精益求精練武魂，練好武魂太極神。

第八節　沾、黏、連、隨

沾、黏、連、隨，四個字各有其義，各有其法，各有其用。準確理解每個字的含義並正確運用到實踐中是至關重要的，它與太極推手運動息息相關，無論是得勢爭來脈，還是出奇在轉關，以及在不丟不頂中聽消息，從懂勁到神明，均離不開沾、黏、連、隨這四項基本功。反之，必出頂、扁、丟、抗四病。

一句話，想要獲得太極推手之精華，掌握四兩撥千斤之技巧，沾、黏、連、隨是必經之路。

下面針對古典拳論中的有關論述，筆者結合自己多年的實踐體驗，談一些具體看法：

一、沾

「沾，提上拔高之謂也。」

筆者認為，前人這一論述太單一化，既沒闡述沾的對象和條件，也沒講清沾的具體方法，只是「提上拔高」。沾字，有兩物相合之意，如：出汗時衣物沾身，兩板相沾

等。在推手運動中是指將己勁輕敷彼勁之上，雙方接觸之點不可分開。例如：雙方兩腕相接要沾住，使其不能擺脫並處於被動地位。

二、黏

「黏，留戀繾綣之謂也。」

這是用比喻感情的如膠似漆來形容推手的雙方黏在一起達到難捨難分的情形。

實際上，推手運動中雙方是對抗性矛盾，一方總是想著控制對方，迅速戰勝對方；另一方則要反抗控制，要變被動為主動，根本無「兒女之情」可談。同舟是暫時的，卻無共濟之處。黏是膠性物質的自然屬性，用在太極功夫中，是指人為的主動用太極勁黏住對方，使其無法擺脫，就如同大力膠黏住木板一樣。

沾與黏既有區別，又有聯繫，互為條件，互為轉化。沾字較輕靈，主於化引；黏字較重，主於進攻。二者的運用情況不同，用法不一。如對方逼進時，沾之向後向外化引，使之進，對方不得不進；遇掤時，沾之化引，提上拔高，使之起，對方不得不起；也可沾之左右化引等。又如對方敗走時，黏逼對方出現虛實而擊之。沾與黏相互依賴，相互聯繫，二者缺一不可。

沾必須以黏為前提，沒有粘便無沾；同樣，黏也必須以沾為條件，沒有沾也就無所謂黏，黏便失去了意義。在一定情況下，沾可以轉化為黏，黏也可以轉化為沾。總之，一個要黏住不使擺脫，一個要擺脫不使黏住，實質上

就是控制與反控制的抗爭，這才是沾、黏的真實意義。

三、連

「連，捨己勿離之謂也。」

在推手運動中，為了勿離，捨棄自己不是搏擊的目的。捨少取多，甚至假捨真取才是捨的本意。連是連接、斷而復連、不使間斷的意思，要連得天衣無縫。連應用較為廣泛、主動。沾、黏、連、隨，連字當先，沒有連字，其他三個字均失去了意義。

四、隨

「隨，彼走此應之謂也。」

給人的感覺好像消極、無奈，任人擺佈，無可奈何的樣子。連與隨比，連較主動，隨較被動，但主動與被動在一定條件下也是互為轉換的，太極推手中的隨含有變被動為主動之意，如彼走隨而擊之，就是由被動轉主動。

總之，要全面追準確地理解和把握沾、黏、連、隨四個字的含義，既要知道其個性，又要掌握它們的共性和相互聯繫、相互轉化的條件。

在推手實踐中，四個字不但不能分離，無法分得一清二楚，而且要共同發揮作用。這四個字不僅要練到手上、臂上，還要練遍全身，處處都能沾、黏、連、隨，順勢借力，這樣才能真正不丟不頂，太極拳四兩撥千斤之技藝有望。

第九節 「順勢借力」與「先頂後卸」的區別
——談太極拳推手的借力方法

借力是太極拳的重要技巧。嚴格地說，不懂、不會、不善借力的都不能算懂太極拳。

那麼，什麼是借力呢？借力就是借對方出來之力，為自己所運用。現在常見兩種借力方法：一種是順勢借力法，一種是先頂後卸借力法。前一種少見，後一種盛行。

借力的方法不同，練功的方法不同，效果也不一樣。練太極拳者堅信用意不用力，持之以恆，不惜餘力地摧掉自身拙力換新勁，將太極功夫練到「點狀人體形象」，點越小，密度越大，功夫越好，點點能化力，點點能借力，點點能擊力，與人交手絲毫不丟不頂，方符合太極拳拳理和拳論要求。

「先頂後卸」者，講的是太極拳的理，說的是太極拳的話，練的是太極拳。但他們大多三心二意，一腳踏兩船，一面練太極拳的功夫，一面練以力為主的功夫，如摔沙袋、轉大缸、擰小棒、抖皮帶等，「勁」、「力」參半，太極不純。

太極之道對練習推手者的要求恰似：你如風，我如草，無論東南西北風，風力大小，風速快慢，都要順中求生長。這是強調一個「順」。在推手中只講順，任人擺佈，受人欺負，違背了順的本義，不順又不是太極拳的功

夫。其實，順的真正含義全在順而不順當中。順才能不丟不頂；順才能「四兩撥千斤」；順、慢、小、柔、弱者才能勝快、大、剛、強者。先頂後卸者，頂，拼力；頂，較勁；頂，小力讓大力；頂，等力、等技、上下差不多者，兩敗俱傷；小力者根本無法和大力者抗衡。

太極者借對方出來之力，為自己所運用，是客觀地一次借力，執行「從人則活」（見李亦畬《五字訣》）的原則，讓對方捕風捉影，徒勞無功。先頂後卸者，主觀地逗出對方之力，為「卸」所運用，是二次借力。

執行「由己則滯」（引文同上）的原則，頂為詐，卸為用，設計而不中，反倒有被利用的危險。大力者若和真正的太極高手相遇，進不得，走不了，有力使不上，只有甘拜下風。

太極者在推手中運用「八法五步」，任意攻化，均根據對方的變化而變化，順中求勝。如甲掤乙空按掌到；甲将乙方肩肘靠；甲方回手捋掌使；乙方轉身把採用。這是套子也是技巧，是改造本能和提高技術的重要手段，是達到推手高層次的船或橋。套子體現了太極推手相生、相剋、不丟頂的道理，是化力、借力、打力的全過程，是太極拳本質和靈魂的表現。

為了將順勢借力闡述得更清楚和易懂一些，筆者再舉以下例子：你若將我的右臂向左推，我左引而向右擊之；你若將我的左臂向右推，我右引而向左擊之；你若用採捋勁，我隨而擠靠勁擊之；你若推我，我後引而向左擊之；你若控制我的雙肘，合力向我胸前擊之，我以合破合，以

分擊之；你若控制我的雙肘，撐而擊之，我以分破分，以合擊之。總之，無論對方怎樣攻我，我均有破解和技擊之法。否則，功夫欠缺。

請注意去時，離不開黏逼；回時，離不開吸提，這是往來之要言。與此相反，先頂後卸常用之法：向前帶你，朝後摔；向後搡你，朝前摔；向左捌你，朝右摔；向右捌你，朝左摔，如此等等，類似摔跤。

同樣練的是太極拳，同樣練的是太極推手，順勢借力者，四兩撥千斤，借力打力，捨己從人；先頂後卸者，以力頂卸，捨近求遠，兩次惜力。兩種方法，前後對比，發人深思。

明明太極拳提倡用意不用力，避免使用拙力；明明提倡沾、黏、連、隨，避免丟、瘭、頂、抗；明明提倡捨己從人，避免從己則滯，為什麼仍然有人提倡先頂後卸呢？究其原因：

先頂後卸者運用的雖然是一種技擊技術，但絕不是真正的太極拳技藝。對太極拳理論缺乏認識，信心不足，不能始終堅持用意不用力，半途而廢。這是其一；

練拳多年，不得要領或無明師指導，和大力者交手往往失利，借力引化時，化而不淨，一則引狼入室，為狼所傷，再者引火燒身，傷痕累累。一傷一燒對推手借力產生了動搖心理，改練力為主，出現了先頂後卸的提法，並取得了一時效果，因此盛行。這是其二；

太極功夫沒有真正練上身，內勁不雄厚乖巧是根本原因，這是其三；

還有一種普遍現象，為了比賽出成績，選了一些身高、體壯力大的。如摔跤、舉重進行一年半載急訓，參加比賽能不頂嗎？這是其四。

這四條是造成先頂後卸的主要因素。

先頂後卸者不是太極拳理論，不能指導太極拳和太極推手，它與太極拳一羽不能加、蠅蟲不能落、引進落空等格格不入。頂是太極拳「四大弊病」中首要一條。「卸」是丟，是「四大弊病」第三條。一丟一頂沒有任何太極拳沾、黏、連、隨的味道，談何借力？這兩種借力方法有天壤之別，一正一邪，一真一偽，同行於世，魚目混珠，望太極拳愛好者注意識別、選擇。

當然，借力說起來容易，做起來難上加難，差毫釐都不行。早了，借不來力，還有較勁的危險；晚了，又可能成為對方攻擊的目標。只有不早不晚，敵力挨我皮毛，敵我之力即融為一體為己所用才是標準。不經過長期、艱苦的磨合是得不到的。

兩人對陣，互爭不讓，人人施詐，各個爭勝，攻化無常，鬼神莫測。誰也不願意把自己的力借給對方攻擊自己，但實戰中又恰恰相反。不愁無力借，只愁不借力。

推手時，沒有不把力往你身上加的，只要加了就有力可借，有隙可乘。有人說，我不往你身上加力，我引化如何？好，就借你引化之力。有人說「彼不動，己不動……」好，你不動，我動，我心意一鬆，內勁自調，外形不覺其動，絲毫也不牽動你，你卻不得機勢，非動不可，動則又有力可借。

　　當今一些太極拳推手比賽已經失去了太極拳借力打力的本來面貌。比較普遍的現象是：「四兩千斤懸殊大，太極誇口於天下。不見四兩撥千斤，只見老牛在頂架。」只有真正具備了太極拳借力的功夫，才能做到「四兩千斤懸殊大，太極借力走天下。四兩一觸千斤起，耄耋禦眾非神話。」「借力」看起來簡單，實質非常複雜，它和太極拳諸多勁緊密聯繫著，如聽勁、化勁、拿勁、發勁等。化勁、蓄勁的本身就是借力。

　　太極妙手，處處可以借力打力，放之即出；借力妙者，舉重若輕，方顯示出太極拳的全面功夫，發揮出太極拳技擊的本來面貌。

第十節　太極拳推手聽勁的三層功夫

　　「聽勁」是太極拳推手的專用術語，它在推手中產生、提高，為推手所運用。它是指推手的雙方靠肌膚的感覺和意識的知覺來判斷對方勁路的方向、速度及勁力的大小。聽勁的粗細程度體現著太極拳多層次、多功能、全方位、整體性的功夫。

　　拳架為體，推手為用，二者是不可分割的整體。體之道，表現為開合二字，其妙處全在於陰陽互為其根。用之道，全在稱量，即以我之肢體粘住彼肢體。如秤稱物，如尺度量。稱其勁之遲緩，量其勁之變幻。稱量就是「聽」。聽勁是達到推手高層次不可缺少的橋樑，也是太極拳的精髓和靈魂。由於每個人修煉太極拳的程度不同，

聽勁的水準也各有差異，這就使聽勁練習也相應地有三層功夫。

太極拳走架是知己的功夫，推手是知人的功夫，先求知己而後才能知人。知人的功夫是太極拳整體工程最關鍵、最艱難、最耗時工程，大多數太極拳愛好者在此門之外，門內者甚微。

一、大圈──大虛大實

練聽勁的第一層功夫，首先要練拳架。

拳架在用意不用力的原則下，首先要立身中正。動態平衡是立身中正的首要條件，走架保持動態平衡，姿勢就會沉穩、輕靈，具欣賞價值；推手保持動態平衡，便能制人而不受制於人。動態平衡也就是十三式中的「定」。十三式以定為主，走架、推手都離不開中定。中定不是定住不動，不動則死，死則必敗。不定則浮，浮也必敗。要定中有動，動中有定，哪裏有虛實，哪裏就有中定。

中定在虛實中，是分虛實的那根無形的線。保持動態平衡就是保持立身中正，而立身中正是走架和推手的基礎，如人的骨架。

其次是收放到位。

收是合，是蓄；放是開，是發。這裏的收包含著化掉對方來力的同時，蓄足自己的勁。蓄要蓄得緊，發才能發得透。收放到位，實質上練的是舒展與緊湊。太極拳的勁多種多樣，但各種勁無不在舒展與緊湊中生長、變化，並在勁的運用中逐漸提高變化的品質。可以說，舒展與緊湊

是太極拳諸勁的搖籃，也是健身、防身和提高技術的根本。

第三是承啓圓活。

顧名思義，承啟即兩式相接時的承上啟下。承啟要神氣貫穿，毫無間斷。圓活練的是抹角，角抹得好才能進退處處恰合。承啟圓活是攻化的關鍵，是太極拳的精髓，也是區別於其他拳種的重要標誌。

第四，分清虛實。

初練時要大虛大實，即上下肢體的虛實。雙臂、雙腿能分虛實，旋轉起落，屈伸開合，自然靈活。虛實轉換得靈，重心才能把握得準，立身才能不偏不倚，支撐八方。分清虛實，並不是把虛實截然分開。而是虛中寓實，實中蘊虛，仍含變化之機勢。正如拳論所述：「虛非全然無力，實非全然站煞。」虛實變化是太極拳基本戰略戰術，是應敵變化的重要指導思想。

第五，上下相隨，左右相繫，內外相合。

上下相隨，即手合而足出，足落而手開。如雙手往後面足向前、右手往右而左足往左等，即是上下的配合。左右相繫者即左手開多少而右手放多少，反之，右手開多少而左手放多少，臂不單行而勁不斷，是左右的配合。內外相合即是內外的配合。上下相隨，左右相隨，左右不合，其勁不整；左右相合，上下不相隨，其勁也不整。上下相隨時，包含著左右合度；左右合度時，也包含著上下相隨。這樣，久久練習必獲得上下相隨、左右合度、內外一致，周身渾圓一體的妙用。

第六，身心放鬆。

放鬆心氣才能下降，腎氣才能上升，丹田充實，下盤穩固。放鬆是摧僵力、生內勁的正確途徑。剛柔從放鬆中來，是內勁與拙力的根本區別。放鬆要鬆而不懈，在走架、推手時要在鬆沉中體會腰以上的勁像氣球輕輕上升，腰以下的勁像秤砣沉穩下降。一升一降，自然形成兩奪之勢，功久內勁逐漸增長，為學推手奠定初步基礎。

練聽勁第一層功夫對推手的要求是：

推手必須在不丟不頂的原則下，守中土無過不及。敵進我退，退得及時；敵退我黏，黏得得當。一攻一化，一化一攻，週而復始。

初學時要畫大圈，前半圈是化，後半圈是攻；反之，前半圈是攻，後半圈是化。化是蓄勁為了攻，攻是進擊也是化的前奏曲，畫圈時不是一個勁畫一圈，而是在開完合盡處要有承上啟下和抹角之勁。開始用固定套子，即學推手平圓、立圓，「四正手」定步、活步以及「採捌肘靠」，進行專項練習。目的是用套子對本能進行粗淺的改造和聽勁的初步練習。本能改造得越好，聽勁收效就越大；反之，聽勁收效越大，本能改造得就越接近徹底。推手，對方攻多少自己要化多少，化多了丟，化少了頂。要想不頂，必須在來力前面適時地減其力；想要不丟，必須在來力的後面適時地加其力。

要想準確無誤地加減對方之來力，全靠良好的聽勁功夫。一開始，對來力聽得不準，有早頂晚丟的現象。但經過長期磨合便會接來力不早不晚，恰如其分，收到本能改

造和聽勁的初步效果。

二、小圈——小虛小實

練聽勁的第二層功夫，在拳架上要求：

由大虛大實到細微之虛實即由上下肢體的虛實變換到兩腎的虛實。在意的指揮下，以腰脊為軸帶動所有的關節、經筋、肌群，小到細胞都調動起來，往復有折疊，進退有轉換，心意一動，周身俱動，節節貫穿，一氣呵成。功久內勁自然雄厚，且調動十分靈活，意蓄則蓄，意發則發。拳架如行雲流水，舒展、順達、流暢，為知人的功夫奠定了堅實的基礎。

練聽勁第二層功夫對推手的要求：

進行「亂採花」練習，即運用「八法五步」任意進行攻化。要離開套子合乎套子，離開規矩合乎規矩。在練習實踐中，本能又充分暴露出來：你推他，他向前頂抗；你採他，他向後掙扎；你向右，他向左；你向上，他向下等。總之，本能的最大特點是對著幹。

為什麼經過第一個階段改造又會出現這樣的情況呢？究其原因，第一層功夫攻有先後，進有尺寸，循序漸進，易於走化。第二層功夫如脫韁野馬，無拘無束，運用「八法五步」任意攻化，二者反差極大，在實戰中便出現如下情況：

①雙方搶攻造成「頂牛」；②一採一沉造成拔河；③化而不盡，走脫不了，變相較力；④攻化時速不相適應造成卡殼等。

這些問題在不知不覺之中成為推手的最大障礙，也是本能的突出表現。本能反映了意識，意識決定了本能，要改造本能首先要改造意識，意識和本能必須進行完全徹底地改造。這時候需要老師同步的指點：凡卡殼處，首先老師要教給他們防止卡殼和一一破解卡殼之法，並要講清道理，使學生得到舉一反三的效果。

總之，老師要教會學生用極短的時間、極短的行程、極小的空間，將來力引化落空，變勁尾為勁頭的技擊之法。用這種方法進行攻化練習叫小圈轉頭。

小圈轉頭是得到太極拳諸勁的鑰匙。那麼，怎樣小圈轉頭呢？小圈轉頭猶如善騎自行車者一車之長就能轉過頭來，不善騎自行車者三車之長也轉不過頭來一樣。當然，小圈轉頭絕非像例子寫的那樣簡單，其形多種多樣，其勁各有不同，其質也千差萬別，其精妙須習拳者精心研究，反覆實踐。

有了小圈轉頭的功夫再參加對抗性比賽，推手時顯得活躍，進有門，退有路，勝靠輕靈，勝靠技術，全憑聽勁的功夫。但遇到技高者感覺不好，還是走化不了，仍處在後知後覺中層功夫中，還沒有達到「一羽不能加、蠅蟲不能落」的程度。

三、無圈——不見虛實

練高層次聽勁功夫對拳架要求：

渾身上下左右，從內到外徹底放鬆。行拳時意氣在體內流轉，如粉如霧，神氣鼓蕩，呼吸通靈，全體透空，處

處能放鬆、處處能轉換、處處能折疊，練拳隨心所欲。正練、反練、不拘一格地練，不拘時間地點，不拘行走坐臥。用意練拳，用意推手是一種超凡脫俗的表現。到此火候，自覺內勁雄厚，綿裏裹鐵，剛柔相濟，輕沉兼備，為進入高層次推手聽勁功夫奠定了堅實基礎。

高層次推手功夫由學法而始到無法而終。達到「接近神明階段」，渾身是球，一觸即滾，一觸即發；拳遍全身，神奇自現。

以折疊為例：渾身上下能大折小折、正折反折、左折右折、上折下折、遠折近折、明折暗折等，真是處處能轉換，處處能折疊，攻化同時、形影不離。左重則左化右攻，右重則右化左攻，上重則上化下攻，下重則下化上攻，正中也是如此，才是真正的陰陽互為其根。

化走弧，攻走直線。這根進攻的直線由無數點組成，猶如自動步槍一樣，始終對準目標，一點進攻被化二點攻；二點進攻被化三點攻，如此類推，化無盡，攻無完，達到無圈的妙境。

與人接手，即使對方足下無根，前俯後仰，左搖右擺，手足無措，任我擺佈，如同老叟戲童稚一般；動真的，伸手即仆。有了聽勁第三層功夫，接手不等對方進攻便知對方意向變化，達到先知先覺的程度。

練拳是意識和本能的自我改造，推手是借助外力對意識和本能的再改造。「雙改」優劣，全憑聽勁的精確度，因為聽勁的職能專為攻化提供可靠的依據。拳架、推手、聽勁都是由淺入深、由粗到細、由低到高、循序漸進的過

程。三者互相影響，互相促進，互相轉化，是不可分割的整體。先練的大虛大實是大圈，是粗淺的聽勁功夫；後練的小虛小實是小圈，是較細的聽勁功夫；不見其虛實是無圈，是空無的聽勁功夫。說的是大、小、無三圈，實質上是成千上萬個圈，大圈當中有小圈，小圈當中還有小圈，不僅如此，還有正斜圈、立平圈、有形無形圈等，圈圈相連。正如拳論所云：「虛攏詐誘，只為一圈」、「其大無外，其小無內」。

大圈有大圈的用途，小圈有小圈的功能，無圈有無圈的神奇。王宗岳《打手歌》中專門提出「引進落空合即出」的名句，引的深長落空合即出是太圈下層功夫；引的極短落空合即出是小圈中層功夫；無論是大小圈，都是先引化後技擊之法。唯有無圈才能實現一不頂、二不讓、三還進、以進制進、出神入化的進擊之法。

大、小、無三圈，相生相剋，互為轉化，變化無窮。筆者練拳、教拳多年，有這樣的體會：

推手要想好，聽勁不可少。

聽勁一般化，勝靠力量大；

聽勁中上層，取勝靠輕靈；

聽勁若如神，伸手即放人。

即使我們得到了高層次的推手功夫，也請切切不要忘記：「人外有人，天外有天」和「藝無止境」的聖言古訓。

第十一節 要將太極拳功夫練到「點狀人體形象」

何謂將太極拳功夫練到「點狀人體形象」？筆者的觀點是「點狀人體形象」是一種比喻，指對太極拳功夫練到相當程度的人而言，自覺渾身細膩靈透，猶如無數點組成的人體形象，靈活異常，變化莫測。人的意識和軀體特殊感覺，由拳、推手均能表現出來。點狀功夫代表了拳的高質量和推手的高水準，是太極人苦苦追求的目標。

誰獲得點狀太極功夫，誰就達到了太極王國任自由的境界。與人交手，任其攻勢勇猛凌厲（包括擒、拿、跌、打、摔），皆化為烏有，放之即出。動貴短，點是最短。

一種是在來力的點前，減而不頂；在來力的點後，加而不丟，點引化擊發，沒有相當的太極功夫是做不到的。還有一種是對攻時運用的，你來攻我，我去攻你，做到：一不頂、二不讓、三還進。你攻我的陽面，陽化（減）而陰擊（加）；你攻我的陰面，陰化（減）而陽擊（加）。

前一種圈雖極小，屬於先引後擊法；後一種是點狀迎擊法。同樣的加減法，概念、形式、質量、性質卻完全不同。拳論說：「退圈容易進圈難」，望讀者明晰。有了點狀功夫，甭說拿勁路，就是拿反關節也絲毫不成問題。順著對方的要勁，點點滾動，不比力，不較勁，一一化解，這是點變的微妙。只有點狀功夫才能實現「一羽不能加、蠅蟲不能落」的妙境。

那麼，怎樣才能獲得點狀功夫呢？

首先從中正做起。

中正中的點狀功夫才是太極拳的真功夫。說起中正好像人人都知道，做起來又好像人人都不知道。把彎腰駝背視為五弓俱備，筆直的身形卻未備五弓。身形散亂，不得機勢。其實中正的關鍵在腰椎二、三節間，命門後撐並貫串始終。從大椎到尾閭這張主弓形成，其他四弓不求自得。身形好，勁力整，旋轉自如，衝之不散，撞之不破，取得一好帶百好的功效。常玩細品才是。這是其一。

放鬆是形成點狀功夫的必經之路。

練太極拳的人沒有不講放鬆和用意不用力的。怎樣放鬆？放鬆的火候和標準是什麼？筆者試舉三例說明。

例一：懷抱嬰兒。會抱嬰兒的，全身關節自然放鬆而張，腰以上關節尤應如此，似抱非抱，似捧非捧，二者兼有，兩手兩臂放在嬰兒適當處，自然得體；不會抱嬰兒的，兩手兩臂及全身關節鎖閉，硬邦邦的，一看就是個外行。

例二：動物搬家。貓、狗及其他動物搬家時，口中叼著幼仔，從甲地遷往乙地。緊了怕咬傷了，鬆了又怕摔壞了，只有不鬆、不緊才能完美地完成搬家任務。

例三：自行車上擋。騎自行車，擋緊了則滯，費力氣；擋鬆了，不穩搖晃。將自行車架起來，輕輕撥一下輪子，看氣嘴處像鐘擺一樣，連擺多次垂直停下，不鬆不緊恰到好處。

從以上三例中不難體會放鬆的方法、火候和標準。什

麼是鬆，什麼是懈也就一清二楚了。這是其二。

收放到位，實際上是舒展與緊湊，舒展是點的延伸，再延伸；緊湊是點的縮短，再縮短。說白了，緊湊是化蓄勁，舒展是發勁。太極拳諸多動，無一不在舒展與緊湊中生長、壯大，直至無堅不摧。這是其三。

起承轉合是諸多勁互變的關鍵。化、蓄、發三勁，是點狀運動的全過程。只有點狀功夫才能使化、蓄、發三勁，忽隱忽現，動急急應，動緩緩隨，神出鬼沒，難以捉摸。我動人勿知，人未動我先知，超常的聽勁功夫使太極拳走向神秘，皆因點變瞬時，行程甚微，空間極小，甚至不見其形，前人認為：「太極功夫以沒有圈為登峰造極」。沒圈即點。這是其四。

意識與點狀的統一。點狀功夫是在意識的指導下，經過長期艱苦的努力練出來的，也是在意識的指揮下運用，在實戰中接受嚴峻考驗的結果。不少人自以為功夫不錯了，到處找人比高下，結果輸了還不服氣，說人家僥倖，自己沒注意。明擺著自己的意高、形低，形不如意，意指揮不了形，形意不能統一，能不落敗嗎？所以筆者提倡：意識要像遙控器一樣，控制全身所有的點，否則，一點失控殃及全局。必須做到形達意，意達形，形意統一起來，這是其五。

聽勁點狀功夫中的點和生活中的點不一樣，二者有天壤之別。生活中的點，點點成珠、點點成球，這些點、珠、球是死的，不會變，也不能變。如民間獅子滾球的球，人在上面隨著球的滾動照走不誤，說明球受力。受力

則敗，也不符合太極拳「一羽不能加、蠅蟲不能落」的原則。人體點狀功夫是活的，點點有生命，點點有靈氣，點點有組織，點點相聯繫。上下點點協調，左右點點合度，表裏點點呼應，上天賦予了人類一個完善的有機整體。功夫到，特善變：點點能大能小，能上能下，能左能右，能伸能縮，能突（擊）能陷（空），能剛能柔，能有能無，千變萬化，無往不利。

點狀功夫是依據「太極功夫由大圈收至小圈，小圈收至沒圈。我身無處不是圈，以沒圈為登峰造極」（見《陳鑫太極拳論分類語錄》）而來。沒圈即點，「點狀人體形象」形成。非筆者所創，只是悟到，練到罷了。

以點狀功夫比喻太極拳，筆者尚感未盡情、盡興、盡意。筆者常用水、風、草、如粉如霧等來比喻太極拳的神妙變化。「草」對頂而言，強調一個「順」。「冰下流水視之不見」，比喻太極拳內勁變換人不見、不覺、不曉，方顯其妙；「旋風、水的旋渦」比喻太極拳細膩精微，靜中有動，動中有靜，騰挪之勢，顯示了一個「靈」字。水上天而不見，入地而無形；水靜，柔弱而常在；水怒而無堅不摧；古有滴水穿石，今有水刀切鋼；水無形無象，全體透空；始於源，歸於源，與太極拳是如此的吻合。

點狀功夫需要多思維，練好意；點狀功夫需要復先天，練好氣；點狀功夫需要達標準，練好形。一句話，點狀無捷徑，必須經過磨難、磨難、再磨難。點狀練成，太極真神。

第二章　行功歌訣

一、鬆字訣

鬆鬆鬆太極功，練功頭條要放鬆。

學太極先學鬆，不鬆難得太極功。

一處鬆一處通，處處皆鬆百絡通。

意念鬆形體鬆，精神寧靜才能鬆。

頭要鬆頸要鬆，胸背腰胯一齊鬆。

膝要鬆踝要鬆，肩肘掌指都要鬆。

肌膚鬆筋骨鬆，肌腱筋膜俱要鬆。

關節鬆內臟鬆，從內到外統統鬆。

腹若鬆氣血通，氣血暢通易長功。

祛病鬆練功鬆，鬆好祛病又增功。

練拳鬆推手鬆，轉關抹角全靠鬆。

局部鬆整體鬆，一層一層往下鬆。

時時鬆刻刻鬆，鬆到腳下最成功。

鬆又鬆何為度，鬆而不懈理想中。

鬆字訣記心中，抓住鬆字苦練功。

鬆鬆鬆貫始終，延年益壽不老松。

二、六要訣

腦要靜、心要安、骨要張、
筋要鬆、肉要沉、毛要攻。

三、內外訣

外招內術是藝花，內外兼得成一家，
學招容易求術難，師點苦練悟性佳。

四、求索訣

揉手變化繁，做起難上難；
掌握其精髓，萬變復亦然。
一身備中正，關節轉換靈；
手到步身隨，筋骨鬆又攏。
互推盤旋中，尋求方四兩；
沾黏連隨用，丟癟頂抗防。
無論進與退，不管收或放；
動中勿生隙，出隙無保障。
求藝心莫急，心急不成器；
久久研討去，藝精確無疑。

五、腰與四肢關係訣

腰是轉盤腿是架，兩臂開合不閑停。
千變萬化何處尋，技巧求於腰腿中。
軀體中正方安舒，張骨鬆筋關節靈。

骨骨節節銜接妙，君命一發百骸從。

六、掤勁訣

內勁外放不丟頂，外形內收壓不扁。
螺旋走化顯神奇，準頭正確跌無疑。

七、內勁變化訣

身形不變變在中，變中不變在其中。
若問奧妙在何處，內勁起處似旋風。

八、剛柔關係訣

柔久久柔自成剛，剛柔相濟才正常。
剛中有柔方為堅，柔中無剛任人放。
外示柔軟內含剛，陽剛顯露陰內藏。
剛柔本來為一體，互為轉化最適當。
柔能運化為陽用，陽剛卻為陰逞強。
剛柔運化何處覓，陰陽魚兒弄周詳。

九、胸揹運化訣

胸背好比一紙扇，開合折疊任君便。
左轉胸左背向右，右轉胸右背向反。
照訣練功永不懈，開合厚薄仔細研。
有心練功延益壽，無意招術隨心願。

十、折疊訣

折疊之法世間稀，千變萬化顯神奇。
練拳具備折疊法，拳勢生輝展美體。
揉手善用折疊法，百脈俱開現靈氣。
一處折疊一處靈，處處折疊乃神行。
隨招要勁隨人去，暗藏殺機予擒回。
去時隨人應相當，回手出擊似流星。
折疊之法盡精微，仔細推敲來玩味。
一時練習一時功，年復一年登高峰。
若問折疊怎麼練，8字任放兩端圓。
折疊折疊再折疊，我為折疊叫聲絕。

十一、動字訣

內動外不動，外動內不動。
內外兩層皮，受制確無疑。

十二、方圓相變訣

太極陰陽兩周全，變化無端世人傳；
方能變圓圓變方，不斷變化呈循環。
我身處處是方圓，方圓互轉隨機變；
摸著圓來也能方，觸著方來又能圓。
方攻圓化毫不差，一化一攻技低下；
唯有攻化不落空，方能立於不敗中。
論時容易做起難，方圓變換不等閒。

　　沒有多年法自修，高談闊論也枉然。
　　但得眞息興趣濃，藝無止境自下功。
　　研討終身來追求，一生浸在歡樂中。

十三、捨從訣

　　聽勁推手講捨從，從古至今難說清。
　　只講捨從受人氣，不講捨從非本功。
　　若能做到順中取，舉手之勞牽彼動。
　　眞諦究竟在何處，全在順而不順中。

十四、聽勁訣

　　搭手掤勁如天平，來勁輕重眞切聽；
　　往來動向吃得準，順中就取即成功。

十五、雙重訣

　　四兩千斤懸殊大，太極借力走天下。
　　四兩一觸千斤起，耄耋禦眾非神話。

十六、解雙重訣

　　攻所不守，守所不攻。
　　太極之眞，全身透空。

十七、腰腿訣

　　二人搭手相周旋，通過問答試其功。
　　誰勝誰負怎決定，全憑腰腿與其胸。

胸能運作固重要，離開腰腿白搭功。
周身若能成一家，空鬆圓活顯神通。

十八、對待虛實訣

太極推手相周旋，進時黏逼虛實現。
遇虛莫進繼續找，遇實發勁逃不了。

十九、進退訣

搭手上下左右找，前進後退少不了。
意到手到步跟好，進退退進人莫曉。

二十、留客訣

請送留客理尋常，把握時機應循章；
我去人走心叵測，再進悔恨已難防。
留客妙方在何處？腳起未落最相當；
沉身墜肘須揚手，效果最佳如意償。

二十一、攻防訣

揉手像打仗，互爭不相讓。
甲方攻勢緊，乙方防頂撞。
左攻左邊走，右攻落一旁。
來力貼身滾，處處空蕩蕩。
尋得落點時，出擊不勝防。
太極神妙處，因敵變化強。

二十二、點面運用訣

要點不要面，要面兩不便；
偶遇面碰面，鬆開換用點。
要面不要點，要點有危險；
點招面中化，化勢隨機變。
點面會區分，方能運用神；
二者本一家，用時須分辨。

二十三、兩點訣

推手最關鍵，控制與中點；
兩點變化多，動中求掌握。
兩點須分清，不清藝難精；
中心不是控，控制莫當中。
逢變控在先，對方難活變；
控制對中心，發勁效果顯。

二十四、藏攻訣

順其來力勢，引之使延長；
化時走螺旋，勁在腳底藏。
落點形成時，立即轉回頭；
對準中心點，成功何須愁。

二十五、迎客訣

兩手兩臂兩扇門，主人有意迎客人；

吞吐自由何緣故，客已入我八卦陣。

二十六、變字訣

陽進有門攻不盡，陰退有路路路通；
攻守守攻本自然，變化多端法無終。

二十七、隨東擊西訣

攻擊之前有引拿，對方似棍易躺下。
攻右左引以惑敵，隨左擊右鬼神怕。
攻上先下人勿曉，下攻上提正中打。
豎來擊橫天地理，橫來豎攻以還牙。
若能運用此中理，提高技藝本領大。

二十八、進擊訣

太極推手知彼勁，都在互推盤旋中；
心中錦囊有妙計，不怕對方任意衝。
對方豎來我擊橫，若再橫來我豎攻；
做到上讓下進擊，一吞一吐即成功。
小圈轉頭更出奇，對方被擊確無疑；
善用截勁妙無比，敵敗如在睡夢裏。
太極周身都是計，忽隱忽現顯神奇；
敵勁變化再多端，我盡掌握心有底。

二十九、散手訣

二人放對心莫慌，以靜制動理應當；

接手不犯招架病，邊化邊打人難防。
拳套整趟仔細研，體用精華在裏面；
熟能生巧拳理現，會拆會用法無邊。
用時全身皆是手，招到何處擊自還；
天下風景任你觀，風流人物最數咱。

三十、練圈訣

功夫要想好，圈須練得小。
功夫想要神，無圈即放人。
是好還是神，實踐才得真。

三十一、總體訣

腦靜頂平頭自正，輕輕懸起一氣靈。
肩平身正是橋樑，上下銜接持始終。
鬆腰落胯要旋踝，轉臂旋腕指不停。
無論拳式千般化，張骨鬆筋且歸攏。
空鬆圓活是標準，姿勢正確氣機應。
久久行功意識流，意識流動骨縫中。
內外三合融貫通，揉手行拳興趣濃。
悟徹太極玄妙理，自由王國任你行。

三十二、加減訣

點前有減點後加，沾黏連隨依靠它。
多處著力多處減，加在其後緊相連。
進退加減技中下，對攻加減佳上佳

加減方法仔細研，超凡脫俗似神仙。

三十三、大小訣

縮小縮小再縮小（不癟），
放大放大再放大（不散）。
乾坤顛倒鬼神怕，任憑悟空鬧天下。

三十四、金軸銀線訣

脊柱是金軸，肢體是銀線。
軸線真知少，爭論無盡頭。
請君甕中坐，軸纏事事成。
擒拿跌打摔，拋線顯奇能。
何處生妙計，意念不等閒。
軸線堅持玩，百歲非空談。

第三章 拳架解析篇

第一節 楊健侯傳老架拳譜
（八十三式動作名稱）

一、無極式　　　　　　　十五、抱虎歸山

二、雙按掌　　　　　　　十六、攬雀尾

三、攬雀尾　　　　　　　十七、肘底看錘

四、單　鞭　　　　　　　十八、倒攆猴

五、提手上式　　　　　　十九、斜飛式

六、白鶴亮翅　　　　　　二十、提手上式

七、回手掌　　　　　　　二十一、白鶴亮翅

八、摟膝拗步　　　　　　二十二、回手掌

九、手揮琵琶　　　　　　二十三、摟膝拗步

十、摟膝拗步　　　　　　二十四、海底針

十一、手揮琵琶　　　　　二十五、閃通背

十二、摟膝拗步　　　　　二十六、撇身錘

十三、上步搬攔錘　　　　二十七、上步搬攔錘

十四、攬雀尾　　　　　　二十八、攬雀尾

第二節　各式動作總體要求

1. 無論前進後退、式始式終，都要鬆腰落胯，鬆踝屈膝。

2. 腰身旋轉就是以腰為軸帶動身體左右旋轉。

3. 左（右）腳向前上步時，要腳跟先著地，隨著重心前移，全腳逐漸踏實成川字步。不論上步、撤步都要走弧形。

4. 轉體時都要實腿轉，腳跟著地，腳尖、膝蓋與重心呈垂直線。

5. 虛掌時，手掌微帶窩，像荷花瓣似的蓄而不張；實掌時逐漸舒展，逐漸減少窩形，到終點時微微展指，坐腕。

6. 握拳也要鬆柔，行拳中從半握空拳到一點點收，到終點時緊握出擊。

第三節　單式動作解析

一、無極式

動作：兩腳左右分開，與肩同寬，重心在兩腳之間，身體自然直立，眼向前平視（圖3-1）　。

要點：無極，陰陽未分，天地未分，混混沌沌的球體。人的周身要張骨鬆筋，同時要做到「四平四正」：頂平頭正，肩平身正，眼平意正，心平氣正。以上要點要貫穿整套拳動作之中。無極式也是預備式。

圖3-1

二、雙按掌

動作一：鬆腰落胯，鬆踝屈膝的同時，兩臂由內向外旋，徐徐向上，向前升起，高與肩平，兩掌與肩同寬，掌心相對，兩臂呈弧線，似直非直，動則分陰陽，此動作上虛下實（圖3-2）。

動作二：腰身微向左旋轉，重心移向右腿，左腳尖虛點。同時在腰的帶動下，將雙掌收至胸前，蓄勁（勁蓄在實腿腰間）、護肋。同時，左腳向前上步。此動作三虛包一實（圖3-3）。

圖3-2

圖3-3

動作三：腰隨重心前移，雙掌前推，突掌舒指。左腳逐步落實。在運行中三實含一虛（圖3-4）。

要點：此動作要求上下相隨，手起肩落，氣不上浮。手向後，腳向前，腳落地，手前推。手法、步法、身法同時到位。

用法：對方雙手控制我雙臂向我加力，我回收借其力將對方提起，引進落空，用雙按掌將其放出。

圖3-4

三、攬雀尾

動作一：左腳尖內扣，腰身向後轉90°，轉體的同時兩臂內旋交叉在胸前，右掌在外（圖3-5、圖3-6）。

動作二：兩掌分開，蓄勁護肋的同時，右腳收回，腳尖虛點。提起右腳上步，隨著重心前移兩掌前推，突掌舒指。在運行中三實含一虛（參見圖3-3、圖3-4）。

圖3-5

圖3-6

動作三：重心向後移至左腿，兩掌隨著重心向後移向外、向後畫弧捋至腹前，右腳隨著捋收回，腳尖虛點，再提起上步，重心前移的同時，兩掌相搭自腹前向前擠出。前擠和右弓步要同時到位（圖3-7、圖3-8a，圖3-8b）。

　　要點：變向時要保持動態平衡，立身中正。

　　用法：

　　1. 對方推我左（右）臂，我用十字手將對方單或雙臂交右手化開，用雙按掌擊之。

　　2. 對方將我雙按掌捋開，我以擠擊之。

圖3-7

圖3-8a

圖3-8b

四、單　鞭

動作：右腳尖儘量內扣，腰身向左旋轉180°，右掌隨著轉體向左延伸，左掌內旋至前胸。提起左腳向左前方上步，重心前移的同時，右掌向右畫弧變勾手，左掌外旋前推（圖3–9、圖3–10）。

要點：定式時身體要調正，身、手、足要同時到位。

用法：對方左手向我胸部擊來，我右手勾掛，左手出擊，化打同時。

圖3-9　　　　　　　　圖3-10

五、提手上式

動作：左腳尖裏扣，腰身向右旋轉90°，右腳尖虛點。轉體的同時，左手向下畫弧，順左腹前指尖領勁徐徐上升，高與眉齊；右勾手變掌向上向左畫弧，與左掌相合再徐徐下降到左肘內側（圖3-11、圖3-12）。

要點：要以腰為軸帶動四肢，左手上升、右手下降要協調一致。

用法：左手挑化，右手出擊。

圖3-11　　　　　　　　圖3-12

六、白鶴亮翅

動作一：左掌繼續上升至頭上，同時右掌繼續下降與胸齊。

動作二：右腳上半步，腳尖內扣，重心移至右腳，腰身向左旋轉。同時，右掌向內經腹前向上轉翻至頭上托掌；左掌向下弧形落於胯旁（圖3-13）。

要點：身形斜中寓正，上手托天，下手按地，整個身軀對拉拔長，此動作是太極拳最具代表性的兩奪之勢。

用法：對方從後邊推我右背後，我以背折靠擊之。

圖3-13

七、回手掌

動作一：右掌向下至鼻前，向上升至肩平（圖3-14）。

動作二：轉頭向右看，右掌從鼻前向右擊掌，掌心朝外；同時左掌放至左耳側，掌心向內（圖3-15）。

要點：

1. 兩臂相繫，腰腿勁、左手勁都傳到右掌。

2. 要氣貼背，左右手要協調一致。

用法：後方來手，回首擊之。

圖3-14　　　　　　　　圖3-15

八、摟膝拗步

動作：以腰為軸節節放鬆，右掌收到耳側，左掌前伸，提起左腳上步，隨著重心前移，右掌自耳側再從鼻前向前推掌，左掌摟膝，弧形落於胯旁。行拳中二實二虛，定式時三實包一虛（圖3-16、圖3-17）。

圖3-16

要點：

1. 回手掌變式時要左掌領右掌，勁從後背傳，要做得協調、柔和。

2. 注意接骨斗隼。

3. 右摟膝拗步與之原理一樣，動作相反。

用法：左手摟對方腿，右手向胸前擊之。

圖3-17

九、手揮琵琶

動作：重心後移至右腿，身體微左轉，左腳收半步，腳尖虛點，同時，左掌經右肘下弧形上穿，右掌向下後撤至左肘裏側（圖3-18、圖3-19）。

圖3-18

要點：兩臂相繫，左掌上穿和右掌後撤要同時到位，不可有快有慢。

用法：左化右擊。

註：之後是摟膝拗步，手揮琵琶和摟膝拗步三式，分別與前式同，故略去。

圖3-19

十、上步搬攔錘

動作：腰身向右轉，同時，左掌畫弧搬攔，右掌畫弧變拳收在腰間。提起左腳上步，重心前移的同時，右拳出擊，左掌收在右肘關節內側（圖3-20、圖3-21、圖3-22、圖3-23）。

要點：此動作要上下相隨，左右合度，兩臂相繫，化打同時。

用法：左手化對方來手，右拳出擊。

註：之後是攬雀尾，與前式同，故略去。

圖3-20　　　　　　　　圖3-21

圖3-22

圖3-23

十一、抱虎歸山

動作一：左腳尖內扣，腰身向右90°，右腳提起左移下落（兩腳與肩同寬），同時兩掌掌心翻朝下。分開向下畫弧再向內相合成十字手在胸前，右掌在外，兩掌心朝內（圖3-24）。

動作二：左腳尖內扣，腰身向右旋90°，同時右掌上至眼前，左掌旋至腹前，提起右腳上步，重心前移的同時，左掌向上前推，右掌向下採至胯旁（圖3-25）。

圖3-24

要點：

1. 變向時注意動態平衡。

2. 兩臂交叉時要注意合中寓開。開合同時存在。

用法：右手接對方手變採，左手擊出，右化左擊，用的是採勁。

註：之後是攬雀尾，與前式同，故略去。

圖3-25

十二、肘底看錘

動作一：重心和身體向左移，左腳尖外展，同時，右掌向外、向內畫弧至腹前，左掌向內至前胸。撐腰扣襠，右腳尖內扣旋轉，腳跟著地下蹬，重心左移的同時，腰勁傳到右臂尺骨處擊出，左掌掌心由下向外拿住對方腕部時掌心翻朝上（圖3-26）。

動作二：提起右腳上步，腳尖裏扣踏實，左腳收在右

圖3-26

腳內側，腳尖虛點。同時，左掌向上旋轉穿出，右掌向下握拳置於右肘下，拳眼朝上（圖3-27）。

要點：

1. 步法和手法要隨腰轉動，定式時要鬆腰落胯，兩臂呈弧形，胸微微向前調正。

2. 注意虛實分明，合中寓開。

用法：對方右拳向我胸部擊來，我左手向左後方化解來力，同時右拳從左肘下擊出。

圖3-27

十三、倒攆猴

　　動作一：腰向右旋轉，右掌從胯旁翻掌後拉，掌心朝上，左掌前伸，掌心朝下，兩臂舉平，以腰折疊帶動四肢百骸，左手從小指到大拇指依次勾手外旋轉指尖朝上，右手折臂從耳側到鼻前（圖3-28、圖3-29）。

圖3-28

圖3-29

　　動作二：左腳退步，重心後移，左腿坐實。同時，右掌出擊，左掌下採至胯旁（圖3-30，圖3-31）。

　　動作三：左右倒攆猴動作相同，方向相反。

　　要點：

　　1. 墜身沉肘，前腿重心後移。

　　2. 退步時要注意兩腳不要站在一條直線上。

　　用法：倒攆猴是前手採，後手擊其面，退中進的手法。

圖3-30

圖3-31

十四、斜飛式

動作：左腳尖內扣，腰身向右90°，同時，兩掌相照先開後合呈抱球狀，提起右腳上步，重心前移的同時，右掌向右斜上方挒出，左掌下採至胯旁（圖3-32、圖3-33）。

要點：

1. 右腳上步時，要注意身體平衡，須先坐實左腿，虛靈頂勁，鬆胯塌腰，然後腰胯右轉，左腳踏實，邁出右腳，才能上步輕靈。

2. 挒掌時，腰腿勁節節貫串到右小臂橈骨處，勁往前發，同時左掌下採。上下要協調一致，勁才能整。

用法：左掌化其來勁，右臂外側向其腋下擊出。

圖3-32　　　　　　　　圖3-33

十五、海底針

前接摟膝拗步。

動作：重心後移至右腿，腰身微左轉，左腳裏收下落，腳尖虛點。同時右掌收至胸前向下插掌，插掌時腰以命門處節節下沉折腰，左掌微向前、向上挫至右肩前，此動作兩掌上下相挫（圖3–34）。

要點：1. 四肢百骸勁收到手間，兩掌相挫時，腰勁傳到兩臂。

2. 右掌向前下插，須和右腿下蹲、折腰動作協調一致，折腰時不可低頭，哈腰，要注意頂勁、沉氣，上下一氣貫通，雖一腿支撐，仍中正安舒，八面支撐。

用法：右手腕已被對方拿住，兩臂上下相挫解脫，同時以肩靠之。

圖3-34

十六、閃通背

動作：腰脊以命門處上下節節直起，左腳向左前方上步，同時，右掌向體前上托至右顴前，掌心朝外，左掌從鼻前推掌（圖3-35、圖3-36a、圖3-36b）。

要點：左掌前推，右掌上托時，腰要左擰調正，注意圓襠，三尖對齊。

用法：對方拳掌向我頭部擊來，我上左腳，右手化，左手擊，手腳同時到。

圖3-35

圖3-36a

圖3-36b

十七、撇身錘

動作一：鬆腰落胯，鬆踝屈膝，重心移至右腿，同時，兩肩隨腰旋轉，擰裹回收，隨著重心前移，左掌向前上方托掌，右掌下採至胯旁（圖3-37）。

動作二：左腳尖內扣，腰身向右180°，隨著轉體右掌變拳向上畫弧，左掌向內收至耳側，提起右腳上步，重心前移的同時，右拳撇出，隨後左掌前推，右拳收至胯旁（圖3-38、圖3-39）。

要點：手法、步法要隨腰動，並協調一致。

用法：後方來擊，轉體避開來力，用右拳擊之。

註：之後是上步搬攔錘、攬雀尾和單鞭三式，分別與前式同，故略去。

圖3-37

圖 3-38

圖 3-39

十八、雲 手

動作一：右腳外展，腰身隨之為右轉，重心移至右腿，左腳提起向右半步落下踏實，同時右勾手變掌向內、向外畫弧，屈臂沉肘捧在胸前，左掌向外、向內畫弧置於腹前（圖3-40）。

動作二：腰身向右旋轉，重心移至左腿，隨轉體兩臂同時旋轉，肘護肋，指與鼻齊，左掌朝上，置於腹前，勁蓄在腰間，在鬆沉，重心右移的同時，右掌立掌向右推，左掌、腰勁、腿勁傳到右掌（圖3-41、圖3-42）。

圖3-40

圖3-41

圖3-42

動作三：兩掌和上體向右移，左腿向左開步，重心移至左腿，同時左掌向上、向外畫弧線，屈臂沉肘捧在胸前，右掌向下向內畫弧線置於腹前（圖3-43、圖3-44）。

動作四：與動作二動作相同，左右相反。

動作五：右雲手（同上）。

要點：

1. 雲手時要注意虛實變化清楚。

2. 身體向左右旋轉要以腰脊命門穴為軸心，徐徐轉動，不可亂擺亂扭，始終要保持立身中正。

3. 兩臂要隨腰運轉，要始終鬆肩沉肘，要自然圓活。

用法：對方向我胸部擊來，我右化左擊或左化右擊。

註：之後是單鞭，與前式同，故略去。

圖3-43　　　　　　　　　　圖3-44

十九、高探馬

動作：重心後移，左腳提起裏收半步落下，腳尖虛點。同時右勾手變掌弧形收到耳側前探，左掌向下弧形收至腹前，掌心朝上（圖3-45）。

要點：高探馬要以命門折疊至四肢百骸，氣貼脊背，右掌前探時，命門後撐。

用法：敵向我胸部擊來，我左掌化右掌擊或刺喉取其雙瞳。

圖3-45

二十、左右分腳

動作一：腰向右旋轉，左腳向左側邁出，隨腰旋轉右掌向外、向內畫弧，將腰勁傳到小臂尺骨處，同時左掌向外、向內旋轉置於腹前，隨著重心左移，右掌出擊，左掌掌心由下向外拿住對方腕部時掌心翻朝上（圖3-46）。

動作二：右胯根內收，左腿再實，右膝上提的同時，兩掌向腹前合攏蓄好勁，右腳向右前斜分腳，腳面自然繃平。分腳的同時兩掌左右分開，掌心斜朝上。

動作三：左分腳與右分腳動作相同，左右相反。

要點：

1. 分腳時支撐腿由實變虛，分腳後由虛變實。腰勁和支撐腿勁一齊傳到分出腳腳尖。

2. 分腳時要身體穩定不搖晃，四肢平衡對稱，兩肩要鬆沉，肘關節微屈要留有餘地，腰勁向下，長身，氣不上浮，關鍵在控制周身的平衡。

用法：化開對方來手，起腳擊之。

圖3-46

二十一、轉身分腳（蹬腳）

動作： 腰身迅速向左旋轉180°，轉體的同時雙手抱膝狀蓄好勁，左腳向前分（蹬）出。隨著分（蹬）腳，兩掌前後分開（圖3-47）。

要點：

1. 左腿需隨轉身收回，不可著地。

2. 轉體時要保持虛靈頂勁，立身中正，避免出現俯仰歪斜、動作不穩之病。

用法： 對方從後面進攻，我轉身起腳擊之。

圖3-47

二十二、栽　錘

承前摟膝拗步。

動作：腰身微右轉，同時右掌自右胯向後翻掌向前畫弧變拳收至耳根，左掌向前、向右延伸，提起左腳上步，重心前移的同時，右拳向腳前襠中部下去，拳眼朝前下，同時，左掌弧形下摟至胯旁（圖3-48、圖3-49）。

圖3-48

要點：栽錘時腰脊要節節下沉，此式防止低頭哈腰，腰勁要傳到錘上。

用法：對方踢來，我摟其腿；對方收腿下蹲時，我栽錘下擊。

圖 3-49

二十三、二起腳

動作一：左腳尖內扣踏實，右胯根內收，在腰的帶動下身體直起右轉180°，同時，右肘上揚，肘尖朝天，左掌自胯旁向上畫弧（圖3-50）。

動作二：提起右腳上步，重心前移，右腿站穩，左腳向前、向上踢，同時，右拳變掌向下、向後再向上畫弧舉至頭上，左掌向下迎接左腳面（圖3-51）。

圖3-50

動作三：左腳下落半空，右腳上踢。同時左掌向下、向後再向上畫弧舉至頭上，右掌向下迎接右腳面（圖3-52）。

要點：轉體揚肘時要鬆肩，左右要合度。兩臂旋轉要協調一致。

用法：二起腳是連擊法。肘、拳、腳連擊。對方從背後擊來，我轉身用肘擊其橫，隨後用拳擊之，再起左腳踢之；若左腳被摟，借其摟力再起右腳踢，名曰二起腳。

圖3-51　　　　　　　圖3-52

二十四、打虎式

動作一：腰微右轉，右腳向下落，腳尖先著地，隨著重心後移，前腳踏實。左腳收半步，腳尖虛點，同時，右掌向後畫弧變拳向上至右耳側，左掌向前、向下畫弧變拳至腹前（圖3-53、圖3-54）。

動作二：左腳向左側邁步，隨著重心左移，左拳上挑至額上，拳眼朝後；右拳向異側腳方向打出，拳眼朝上，開成打虎式（圖3-55、圖3-56）。

圖3-53　　　　　　　　圖3-54

動作三：右打虎式和左打虎式動作相同，方向相反。

要點：

1. 過渡為打虎式時兩手兩臂弧形要走得圓轉自如，腰身和四肢要相隨一致，要有打虎的威武氣概。

2. 呈打虎式時，兩臂要呈弧形，不要聳肩。勁蓄腰間，腰勁發到出擊手。

用法：對方雙拳連擊我頭部時，我左拳化，右拳擊；右拳化，左拳擊。

圖3-55

圖3-56

二十五、左右蹬腳

動作：左右蹬腳同左右分腳式動作相同（圖3–57）。

區別：

1. 分腳時力貫腳尖，蹬腳時力貫腳跟。

2. 分腳時兩掌分開，掌心斜朝上；蹬腳時兩腳分開，掌心朝外。

要點：同左右分腳式。

用法：同左右分腳式。

圖3–57

二十六、雙峰貫耳

動作一：左腿收回，腰身向右旋轉180°，左腳落步，腳尖內扣，腰身繼續向右轉180°。同時，兩掌向下畫弧收至兩胯旁，全身整體縮小蓄勁。

動作二：提起右腿，腳跟向前蹬出。同時，兩掌經兩胯側向外畫弧變拳。右腳收回再上步，重心前移的同時，兩拳弧形向前迎擊太陽穴部位，兩拳眼相對（圖3-58）。

要點：

1. 兩掌向下收至胯旁時要鬆腰落胯，氣沉丹田，鬆肩沉肘。

2. 兩拳向前迎擊時，要與右弓步協調一致。

3. 右腳蹬出收回上步時，左腳要下沉來控制右腳上步的輕靈。

用法：對方摟我蹬出之腿時，我收回右腿雙拳擊其太陽穴部位。

註：之後有上步搬攔錘、攬雀尾、抱虎歸山和攬雀尾，與前式同，故略去。

圖3-58

二十七、斜單鞭

此動作和單鞭相同，方向略偏（圖3-59）。

圖3-59

二十八、野馬分鬃

動作一：左腳尖內扣，腰身微向右轉，右腳收回，腳尖虛點，兩臂相合，左掌在上、右掌在下呈抱球狀，提起右腳上步，重心前移的同時，右掌向右上方捌出，左掌弧

形下採至胯旁。腰勁上下分開傳到四肢（圖 3-60、圖 3-61）。

動作二：左分鬃和右分鬃動作相同，方向相反。右分鬃（同上）

要點：此動作要求頸椎和腰要同時轉動。勁蓄左右腰間，發於四肢。

用法：左手化開來力，右小臂外側擊其腋下，或右手化其來力，左小臂外側擊其腋下。

註：之後有攬雀尾和單鞭，與前式同，故略去。

圖 3-60

圖 3-61

二十九、玉女穿梭

動作一：腰身向右轉，左腳尖內扣，提起右腳西北角上步，隨著重心前移，右勾手變掌向下、向內再向右螺旋上挑至額上方，掌心翻轉朝外，左掌向前、向下畫弧自胸前出掌（圖3-62、圖3-63）。

動作二：玉女穿梭左右四個，方向是朝著四個斜角，動作相同，方向不同（圖3-64、圖3-65）。

要點：保持兩臂之間距離，打四隅體，轉時要實腿轉。

圖3-62

圖3-63

圖3-64

用法：玉女穿梭是群戰法，前後左右來力擊我，我隨轉體上挑化，下出擊。

　　註：之後有攬雀尾、單鞭、雲手和單鞭，與前式同，故略去。

圖3-65

三十、蛇身下式

動作：腰身右轉，右腳尖向右外撇內扣，膝微屈，變成左仆步。同時，左手收在左腿內側，右勾手放長微下移，腕與肩平（圖3–66、圖3–67、圖3–68、圖3–69）。

要點：

1. 蛇身下勢是個特殊的式子，要以腰旋轉後坐下沉，防止低頭哈腰。

2. 注意兩臂相繫，前手收，後收放，均走弧形，手腰形成一體。

用法：我左腕被對方拿住，我腰旋轉後下沉，力傳腕部進行解脫。

圖6–66

圖6-67

圖3-68

圖3-69

三十一、金雞獨立

動作： 腰身左轉，重心前移，左腿站穩，似直非直，右腳跟離地提膝向前，膝高過於臍，腳尖自然下垂，同時，左手按在胯旁，右勾手向下畫弧經胯前外旋托掌至額上（圖3-70、圖3-71）。

用法： 上勢未能解脫，借對方上提之力，後勾手變拳擊其下頦，膝上提擊其襠部。

註： 之後有倒攆猴、斜飛式、提手上式、白鶴亮翅、回手掌、摟膝拗步、海底針、閃通背、撇身錘、上步搬攔錘、攬雀尾、單鞭、雲手、單鞭和高探馬等十五式，與前式同，故略去。

圖3-70

圖3-71

三十二、白蛇吐信

動作：左腳向左前方進步，隨著重心前移，右掌屈肘橫臂收至腹前，掌心朝上，左掌由右掌前側向前、向上穿出，掌心仍朝上，與鼻同高（圖3-72）。

要點：

1. 穿掌時，命門後撐，力達指肚。

2. 左掌穿出時，右臂要呈弧形，腋下留隙。否則，易犯病。

用法：對方左拳或掌向我胸部擊來，我右手化之，左掌穿出刺喉或取其雙瞳。

圖3-72

三十三、十字腿

動作：左腳尖內扣踏實，腰身向右轉180°，提起右腳向前蹬出。同時，左掌向右再向下，向上畫弧前推，右掌向上再向下畫弧採至胯旁（圖3-73）。

要點：上下相隨，蹬腳與左掌前推，右掌下按同時完成，右腳蹬出之時為實。

用法：對方拳或掌向我上部擊來，我右手採之，左掌擊其面部，起腳蹬其中下部。

圖3-73

三十四、指襠錘

動作：腰身微右轉，右腳收回下落，右掌畫弧變拳勁蓄腰間，右腿坐實，左腳向前上步，重心前移的同時右拳向對方襠部擊出，左掌向下、向左摟至胯旁（圖3-74）。

要點：右蹬腳收回下落時，左腳須漸漸下沉，支撐全身平衡，手與腳的動作要協調均勻。

用法：對方右腳向我襠部擊來，我左摟之，右拳向其襠部擊之。

註：之後是攬雀尾、單鞭和蛇身下式三式，與前式同，故略去。

圖3-74

三十五、上步七星

動作：腰左旋前移，兩胯隨之，左腳尖外撇對向左前，重心移於左腳踏實站穩，起右腿，右腳向前經右踝關節內側向前邁半步，腳尖虛點地。同時，左掌向上至胸前成拳，右勾手變拳，隨右腳前邁自後向前經腰部交叉於左拳腕下，高於頦上，兩拳心斜朝內（圖3-75）。

要點：此動作起伏很大，應注意四肢百骸與腰的協調，切勿散亂。

用法：我左拳化其來力，右拳擊其下頦，右腳待發。

圖3-75

三十六、退步跨虎

動作：左腳經左踝關節內側後退一步（稍偏右），腰身隨著微右轉約30°，重心移於右腿，左腳提回，距原地半步落下，腳尖虛點。同時，右拳變掌從左腋下向上旋至右額上，掌心朝外。左拳變勾手向下至髖側，眼向後看。（圖3-76、圖3-77）。

圖3-76

要點：

1. 右腳後退一步，須走弧形，要向後偏右退步落點。

2. 呈退步跨虎時上體須正直，不可前俯後仰，左右傾斜。

用法：

右掌化其上，左手化其下，起腳欲踢之。

圖3-77

三十七、轉身擺蓮

動作一：腰身微左轉，左勾手變掌向前、向上旋與肩平，掌心朝右，右掌向內、向下旋至胸前，掌心朝下（圖3-78）。

動作二：右腳尖外撇，腳跟著地，腰身向右後旋轉，左體隨轉體上步內扣繼續旋轉，同時兩掌隨轉體向右後移轉，右掌至身前右方，手與肩平，左掌於右腕內側稍低於右掌，兩掌心皆朝下。

圖3-78

動作三：左腿站穩，腰身自左向右轉，右腳抬起自左向右上方弧形外擺，同時兩掌自右向左迎接右腳面拍去（圖3-79）。

要點：

此式右轉身時須腰身、胯、膝、肩、臂協調一致，同時右轉，才能轉得圓活輕靈，上身要保持中正。

用法：

對方控制我左臂後部向右推，我旋轉腰脊，左腿坐實，用右腿擊其中下部，雙掌化後擊其中部，使其跌出。

圖3-79

三十八、彎弓射虎

動作：擺蓮腳之後，重心在空中右移，右腳收回再弧形下落原地，腰身先向左再向右後轉，左腿蹬右腿撐，兩臂隨腰身轉動先稍稍左擺，然後向右後繞轉，右拳收至右額上耳側，左拳收至胸前後，向前擊出，右拳後拉至右額上，左拳眼朝內，右拳眼也朝內（圖3-80、圖3-81）。

圖3-80

要點：

1. 兩腿的虛實變化、兩臂的旋轉要和腰的旋轉和襠勁下沉協調一致。

2. 兩拳繞轉前擊時，防止聳肩，氣貼背，勁傳左拳。

用法：

對方掌拳擊我上部，我右手化之，左拳自胸部擊之。

註：之後有搬攔錘、攬雀尾二式，與前式同，故略去。

圖3-81

三十九、收式

動作：左腳尖內扣，腰身向右90°，左腳踏實，右腳抬起回收呈小馬步。同時兩掌心翻朝下，左右分開再向下、向內畫弧線交叉於胸前，右掌在外，兩掌心朝內，兩肘、兩掌徐徐向下，兩臂兩手自然垂在兩腿外側，回歸自然無極狀態（圖3-82、圖3-83）。

圖3-82

圖 3-83

第四章　十三式單練與推手篇

第一節　單　式

單式：

楊氏拳在走架時沒有了陳氏拳的發力動作，楊氏拳的發力在「單式」裏面，許多架式都可拆出單招練習發力技擊。

說明：

單式常練的有十三個式子，都是在走動中練習，一般是先出步，後出手。或者是手腳齊到，左右都要練到，每式練兩三分鐘（10～30次），可走圈練習，也可在一條線上往返練習，八門勁法在其中皆有體現。

一、雙拍掌

動作一：

兩手向上掤起，同時向前上左步，每一式的動作都以無極樁的動作或十字手的動作為預備式，以左式為例（虛步），含胸拔背，收腹收臀，意在擎起彼身借力（圖4-1）。

動作二：

向前下摔擊兩手，左步落實為弓步（圖4-2）（上右步與此同）。

要點：

此單式是為練習「起式」的實戰應用與發力要點。

圖4-1   圖4-2

二、野馬分鬃

動作：

左手內合而外掤，同時向前外方上左步（圖4-3、圖4-4）（右式方向反之）。

要點：

左足要在左手發力之前落地踏實。

圖4-3

圖4-4

三、奪二肱

動作：

上左步，出右手穿擊，迅即再出左右手穿擊（回手意念，萬字手回帶，再上右步時出另三手（圖4-5　、圖4-6、圖4-7）。

要點：

上一步，出三手，拗步上手。

圖4-5

圖4-6

圖4-7

四、挒採式

動作一：

兩小臂在腹前先向左引化（圖4-8、圖4-9）。

動作二：

再上右步，兩手臂向下挒採（再反過來上左步）。

圖4-8

圖4-9

五、拗步穿手

動作一：

上左步時，左手心向下捋壓，右手心向上、向前穿出
（圖4-10、圖4-11）。

動作二：

右手心向上穿出，步在手前或手腳齊到。

要點：

鍛鍊肩關節的靈活性與身體的協調性，穿擊敵方的眼
睛或喉嚨（此拳練好，有似形意拳之鑽拳也）。

圖4-10

圖4-11

六、搬攔肘

動作一：

鬆肩，肘尖向內下畫一圈（圖4–12）（由內向外）。

動作二：

上左步，同時以左肘尖向前拐擊（圖4–13）。右式相反。

要點：

體現「肘靠隨時任意行」。

圖4-12　　　　　　　圖4-13

七、雙鉸剪

動作一：

兩手心合攏，先向右下引化（圖4-14，圖4-15）。

動作二：

上左步，合掌手臂左擊之，右則相反（圖4-16）。

要點：

體現「折疊勁」也。

圖4-14

圖4-15

圖4-16

八、左右衝

動作一：

提起左腿，身後閃，空中兩手向右下引化（圖4-17）。

動作二：

落左步，雙臂向右前劈擊衝擊，連續兩次（圖4-18）。

圖4-17

圖4-18

動作三：

落右步，同時兩臂再收縮衝擊（圖4-19）。右式相反。

要點：

體現身手的靈動與「一開再開」。

圖4-19

九、斬 手

動作一：

上身向右後略閃，左手上抓下採（圖4-20）。

動作二：

左步隨之前落（圖4-21）。

圖4-20

圖4-21

動作三：

右臂前劈，右步隨落（圖4-22、圖4-23）。右式則相反。

要點：

本式倒走，即倒捻猴也。也是對付刀槍棍類來襲之法也。

圖4-22

圖4-23

十、盤球式

動作一：

右手上舉高架，向右後引帶（圖4–24）。

動作二：

上左步，左手臂向前穿出，身隨臂動（圖4–25）。右式則轉身轉臂為主。（此式轉好，有如八卦掌之轉掌）。

圖4–24

圖4–25

十一、按　式

動作一：

兩手向右後引帶，手收至胸前10公分，左腳虛出，全身鬆透（圖4–26）。

動作二：

右腳向前上大步，雙掌向前推按（圖4–27）。

要點：

此處雙手齊出發力，是楊健侯拳一大特色。

圖4-26

圖4-27

十二、擠 式

動作一：

右手扶上左手腕，鬆沉於胸前10公分，左腳虛出（圖4-28）。

動作二：

上左大步，兩手向前擠擊打出（圖4-29）。

圖4-28

圖4-29

十三、艄公搖櫓

動作一：

左腳向前上步，上身略前傾，兩手向後外旋腕（圖 4-30）。

動作二：

重心轉向後腳，上身後靠，手腕轉一圈在兩側髖邊坐腕（圖4-31）。

要點：

此式鍛鍊肩與腕的靈活性，似於神仙大脫衣的動作，也是鍛鍊肩胸靠勁以及擒拿解脫。

圖4-30　　　　　　圖4-31

第二節 推 手

一、平圓（單推）

動作一：乙進攻，甲防守（圖4-32）。

動作二：甲進攻，乙防守（圖4-33）。循環往復。

要點：兩足平行站立，兩人搭手距離不要遠，一臂三力（同向力、引化力、後加力）體現出纏絲勁，自己的重心與中心點必須避開對方進攻的方向，要游離於對方的力

圖4-32

圖4-33

點之外。

二、立圓單推（鑽翻）

動作一：甲進攻，乙防守（圖4-34）。

動作二：乙進攻，甲防守（圖4-35）。循環反覆。

要點：

1. 向上時擊對方頭，向下時打對方襠，防守者則是防頭防襠。

2. 兩脅接觸之際，內心要有靠擊之意。

3. 弓步時是進擊，回手虛步時有採挒之意。

圖4-34

圖4-35

三、雙推四正（小四手）

動作一：甲雙按掌乙捋（圖4-36）。

動作二：乙捋甲擠（圖4-37）。

圖4-36

圖4-37

動作三：甲擠乙閃化（按），再向前按推（圖4-38、
圖4-39）。

要點：欲按之前，中有一空（最好能致對方根很不
穩）。

圖4-38

圖4-39

四、雙手推腹（魚龍潛底）

動作一：乙推對方小臂向其腹部，甲轉身收腹含胸化之（圖4-40）。

動作二：甲反推甲腹，乙再化之（圖4-41）。

要點：鍛鍊按勁和挒勁。

圖4-40

圖4-41

五、四寓（大捋）

動作一：乙外閃採挒，甲轉身肘靠（圖4-42）。

動作二：乙回轉按甲採挒之手臂欲成按式（圖4-43），乙前按（圖4-44）。

動作三：甲接乙按勁，反向側後採挒，乙則隨以肘靠（圖4-45），如此循環（圖4-46、圖4-47、圖4-48、圖4-49）。

要點：亦如跳舞，但不是一個方向，而是乙向左側後，甲則向右側後，走起來呈「8」字圈。

圖4-42　　　　　　　　　圖4-43

圖4-44 　　　　　　　　　　圖4-45

圖4-46 　　　　　　　　　　圖4-47

圖4-48

圖4-49

六、雙擊首

動作一：甲右手扇耳，乙左手托上順化（圖4-50）。

動作二：乙右手扇耳，甲左手順化（圖4-51）。

要點：打耳光及破解法。

圖4-50

圖4-51

七、輪番式

動作一：乙右手上挑甲左手，甲下手化，上手打壓乙左手（圖4-52、圖4-53）。

動作二：反之亦然。

要點：作用在手，做起來兩手左右反覆轉圈，內力透向對方重心，使之拔根或側跌。

圖4-52

圖4-53

八、怪蟒翻身

動作一：乙掣乙肘腕推乙肩，甲側身鬆肩化之（圖4-54、圖4-55）。

動作二：反之，雙方反覆訓練，轉圈不已。

要點：由肩關節僵滯點打擊對方重心，練之使肩靈活，不至受制也。

圖4-54

圖4-55

九、龍行法

動作一：甲一手勾乙臂，另一手腕擊對方前胸（圖4-56）。

動作二：乙左手後勾化引甲右手，右手轉而擊甲前胸（圖4-57）。循環往復。

要點：單鞭的應用技術也。

圖4-56

圖4-57

十、雙纏手

動作一：乙抓甲之雙腕部，甲轉身以腕臂之力壓對方大拇指一側解脫（圖4–58）。

動作二：再轉身抓住乙之手腕，乙以甲之法破解（圖4–59、圖4–60）。

要點：身臂之力足以脫一拇指。

圖4–58

圖4–59

圖4–60

十一、卸甲法

動作：甲手橫向發力，乙臂上化轉身，左右往復（圖
4-61、圖4-62）。

要點：仆腿與跌叉的用法（前奏）。

圖4-61

圖4-62

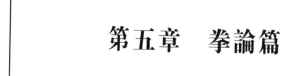

第五章　拳論篇

第一節　推手的四大規律

推手技巧，無論定式、單推、雙推、散推還是四寓，總體來說有以下四種規律：

一、小圈轉頭

陳鑫先生的太極拳理論中，講到「大圈、小圈到無圈」，就其品質而言，大圈不如小圈，無圈應該是散手狀態，筆者這裏重點談一談小圈。

如何理解小圈轉頭呢，大家都會騎自行車，自行車拐彎，可拐大彎也可拐小彎，小彎就類似小圈轉頭。高明的騎車人一車之長就可以拐彎，甚至原地不動就可以倒著回拐，這都是小圈轉頭。推手也是一樣，有許多拐彎轉頭之處，越是小圈，轉頭的技術就越高，難度也就越大。

圈有正轉之圈，也有反轉之圈，運用起來有退圈也有

179

進圈。走圈看起來只是手臂的事，其實手上轉，身上也轉，裏面是一個纏絲勁（包含著彈簧勁）。

嚴格推究，兩手相對，一拳的面積、甚至一指的面積上也有轉頭。說的再大一些，可以說：轉頭之圈是「其大無外，其小無內」。例如，我們這一脈太極拳中有「你合我也合以開擊之，你開我也開以合擊之」，就是例證。

動作：單手內旋（圖5-1、圖5-2）

動作：單手外旋（圖5-3）

動作：肩打一圈（圖5-4）

動作：鬆腕圈攏打（圖5-5）

圖5-1　　　　　　　　　　圖5-2

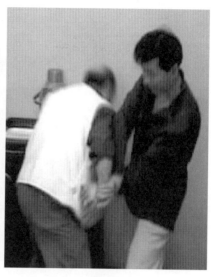

圖5-3　　　　　　　　　圖5-4

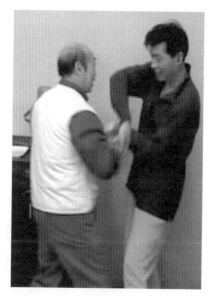

圖5-5

會轉圈了就避免了頂抗，就避免了以力打力，也就有了太極拳的基礎功夫。

　　那麼，在什麼情況下使用小圈轉頭呢？多數是在對方擒拿、撅裹和掣肘時使用。

二、首尾互變

　　兩人搭手，接觸點是勁頭，由走轉收縮，我方化掉對方來力，使對方勁頭變成勁尾。在其他地方轉出，我方出擊的勁頭，就是勁頭勁尾的變化，我們稱之為首尾互變。

　　首尾互變比小圈轉頭還要高級，因為它的圈更小了，幾乎看不見圈。看起來就是一縮一伸，也就是一收一放。有點兒像足球運動員的胸前停球，含胸內收，使球減速落於胸前再踢之。這一技術比小圈轉頭更快，更高級。看上去一碰就打出去了，觸電一樣，實際上裏面有一圈轉化。

　　何時使用首尾互變呢？多用於兩手兩臂受制的情況下，單手也可應用。

　　動作：單手反擊（圖5-6）

　　動作：單手反擊（圖5-7）

　　動作：推肩反擊（圖5-8）

　　動作：推肘反擊（圖5-9）

　　老一輩拳師講「退圈容易進圈難」，我們的太極拳要求「一不頂、二不丟，三要進」，就是要臨敵不退，透過小圈，首尾互變的轉化，「一羽不能加，蠅蟲不能落」，原地借力將對手打出。

　　要達到這樣的功夫，要求「手向後腳就要向前，手向

182

圖5-6

圖5-7

圖5-8

圖5-9

右腿就向左」，見力就走，一次性借力將對方勁頭化為勁
尾，我之勁頭則早已對準敵之要害。一般人們的習慣是受
力就頂抗，這個習慣最難改造，而太極拳就是必須改掉這

個習慣，要見力就走，沾之黏之，人不知我，我獨知人。有人以力頂抗，還美其名曰：「支撐八面」，這不是真太極，至少不是太極拳的高功夫。

三、首尾呼應

一方呼喊一方應答，此為呼應。

首尾呼應，主要講兩個手臂的協調配合，一手排除障礙，另一手進攻，就像排球場上，主攻手要與二傳手配合默契，才能打出好球，兩手協調，周身一家，一動無有不動，勁才順，勁才整。

動作：龍行法推手右手內帶（圖5–10）

動作：龍行法推手右手打出（圖5–11）

動作：龍行法推手打肋左手先動（圖5–12）

動作：龍行法推手右手腋下打出（圖5–13）

圖5–10

圖5–11

圖 5-12

圖 5-13

四、處處是頭，處處是尾

太極推手是一門綜合藝術，小圈轉頭，首尾互變，首尾呼應要綜合運用，才能體現太極拳周身一家、變幻莫測的魅力。

應用起來，因敵變化示神奇，處處可作頭，處處可作尾。

進攻起來，第一梯隊不成，第二梯隊上，第三梯隊跟進。

防禦起來，後衛變前鋒，依次撤退防守，而且守中有攻。

堂堂之陣，進退有序，人不知我，我獨知人。

動作：指擊（圖 5-14）

圖5-14

圖5-15

圖5-16

動作：拳擊（圖5-15）

動作：肘擊（圖5-16）

圖5-17　　　　　　　　　　圖5-18

動作：單推右肩反擊（圖5-17）

動作：抓一手失一手，抓兩手失兩手（圖5-18）

其實，拳架裏面都有推手四大規律的動作，學者須找名師學得好拳架，以免走偏。一旦走偏，一輩子不得太極門徑。散推時也做到像定式推一樣，像走架一樣就是真太極了。

一句話，四大推手技術綜合運用好了，將無敵於天下。

第二節　談「敷、蓋、對、吞」

前人武禹襄有「敷蓋對吞」的理論，筆者的理解如下。

一、「敷：運氣於己身，敷於彼勁之上，使不得動也。」（原文）

這一句講的是對敵方全面包圍，使其難以集中力量組織進攻。

動作：對方起式筆者手在上（圖5-19）

動作：對方欲蓋勁前按筆者分散其力（圖5-20）

圖5-19

圖5-20

「在氣則滯」，所以我們這裏不提氣，只提勁兒。太極拳的掤勁應該都是這樣的勁兒，對方一動就要重心不穩，所以不得動。

二、「蓋：以氣蓋彼來處也。」（原文）

這一句講的是敵方蓄足了力量，但我方不讓他發出來，使對方打啞炮，我方則是打他的「悶勁、困勁」（圖5-21，圖5-22）。以軍事的例子說，敵人有百架飛機在地

圖5-21

圖5-22

面發動，我方有十架飛機在空中把你地上的飛機統統炸毀。高速行駛的汽車我們不敢頂，也頂不住，車發動剛要起步，我們卻可以頂住讓它走不了（例如雜技表演）。當年筆者領隊參加全國武術比賽，有三皇炮錘運動員說他的炮錘誰也敵不住，我說我試試，結果他打不出來。一拳打出，剛啟動時力小，打出之後力也小到無力，太極不讓敵力落在身上。

三、「對：以氣對彼來處，認定準頭而去也。」（原文）

這句話是將對方的勁引出來引化掉，見轉而打出。

往哪裏打？往對方的腰上打，往對方的腳下打（圖5-23，圖5-24）。

圖5-23

圖5-24

四、「吞，以氣全吞而入於化也。」（原文）

這句講的是：我們前後左右上下，任何方向都是敵方失敗的路線，敵方進入圈子，他便進不得，退不得，只有服氣。

氣壯山河，氣吞山河，吞完了還有吐，將敵方弄出重心失控，隨心順勢打出（圖5–25，圖5–26）。老拳論曰：「重顯現輕勿稍留。」

接下來，筆者介紹幾個特殊情況的推手。

圖5–25

圖5–26

動作：上肘纏（圖5-27、圖5-28）

動作：被推時至腹小轉反打（圖5-29、圖5-30）

圖5-27

圖5-28

圖5-29

動作：開之再回打（圖5–31）

動作：開之再開，順開而打（圖5–32）

圖5–30

圖5–31

圖5–32

以氣全吞入於化，比的是精氣神，平時認真盤架子，久久蓄神，看上去平常人一個，動起手來就來神了，你的勁兒要比別人更多，變化更快，你的「神」要比別人更足，更多，你才能做到「以氣全吞」，遇敵時恰似老叟戲頑童，會無敵於天下。

第三節　談「纏絲勁」

纏絲勁，有說法為螺旋勁，還有說是抽絲勁，也有的叫纏法。

纏絲，有繅絲蠶繭煮熟，以手往外抽絲；也有把絲固定在棍上，轉動棍子而纏。有人說抽絲勁不打人，纏絲勁打人，筆者不評論這話對與錯，只是向讀者提出一個問題：假如纏出的絲能紡紗，那麼我抽出的絲就不能紡紗嗎？根據筆者的學習與實踐，這裏寫出一篇金軸銀線訣，試圖說明我對纏絲勁的認識：

> 脊柱是金軸，肢體是銀線。
> 軸線眞知少，爭論無盡頭。
> 請君甕中坐，軸纏事事成。
> 擒拿跌打摔，拋線顯奇能。
> 何處生妙計，意念不等閒。
> 軸線堅持玩，百歲非空談。

太極拳的纏絲勁，主要是腰纏，太極拳用的是腰，是脊柱，不是手腳。所以說脊柱是金軸就是脊柱（腰）最寶貴。沒有腰，光用手，一輩子白玩。手纏固然重要，但腰

更重要。

動作：筆者起式化（圖5–33、5–34）

敵我動手，敵方沒有不往你身上加力的，這時候太極拳要求的不是頂抗，也不是逃跑，而是「一不頂，二不丟，三要進」，不受力，還要將對手打去，這時候就要腰與肢體協調，以腰為軸，主宰於腰，支撐在腳，手臂旋轉走出三種力：化力，牽引力，背後的加力（一臂三力），使對方來力落空，我則黏之不離借力打出。

圖5–33

圖5–34

頂牛、摔跤不是太極拳。真太極瀟灑自然，逢對手無任何表情，若無其事。說：「來吧，隨便。」此謂高手。

　　太極拳是一次借力，沒有主動用力的地方。摔跤是二次借力，向後帶，往前打；向左帶，往右打。當然，筆者這裏不是說摔跤不好，但主動用力就不是太極拳了，至少不是高功夫的太極拳。高功夫的太極拳是原地不動就將各路來勁一次性借力打出。而且，高功夫的太極拳，連打人也是不用力的。

　　纏絲勁有時見拋物線，有拋而即打，也有拋而不打，拋而化打，拋出回打。纏出的絲都要放在實腿的腰間，主宰於腰，力從脊發。不要纏在腳下，那是作繭自縛。

　　動作：拋線肘纏（圖5-35、5-36）

圖5-35

圖5-36

附錄一

　　所有太極拳習練者，都不可避免地會遇到一系列矛盾和問題，如放鬆與鼓蕩的矛盾、實與虛的矛盾、開與合的矛盾、方與圓的矛盾、化勁與發勁的矛盾等。這些矛盾和問題是共性的，是練功過程中不可避免的。

　　為什麼呢？因為它們是客觀存在的。正是由於這些矛盾的雙方互相依存、互相對立、互相轉化，才構成了太極拳運動的各種形式，也正是由於這些矛盾的多種複雜表現形式，才使得許多練拳者困惑不解，感到太極拳非常難練。有的人在困難面前退縮了，放棄了對太極拳的習練；有的人經過不懈追求，找到了解決矛盾和問題的方法而有所成就；大多數人則是仍然徘徊在各種各樣的矛盾和問題面前，苦苦尋求著答案，更盼望有人能給予簡單而明晰的解答。

　　胡學智老師這本書正是滿足了上述這些人的願望，為他們闡述了在習練太極拳過程中會遇到的一些基本規律和方法。本書從探討太極拳運動中的幾個基本問題和分析太極拳者易犯的弊病入手，辨析練習太極拳常見問題的正與

誤，再從闡述人們常常混淆的太極內勁與拙力的區別，深入探討內勁的產生、運動、轉化的規律，進而揭示太極拳運動中意、神、形的關係和虛實變化規律及其在推手中的運用，由淺入深、由表及裏地向我們展示了太極拳運動的一些基本規律。

最為難能可貴的是，這些觀點都是本書作者長期練功經驗與體會的積累與提煉，體現了作者對太極拳運動理解的獨到之處。雖不敢說盡善盡美，但畢竟是其真實體驗，如果說本書揭示出太極拳運動中某些階段、某些層次的運動規律絕不為過。與那些高談闊論、雲山霧罩的「大道理」相比，更接近實際，更能解決練拳中的實際問題。個中道理，只有讀者結合練拳實踐而認真研讀此書，才能細心體味之。

鐵　麟
謹識於瀋陽

附錄二

古云「名師出高徒」。太極拳有云：「入門引路須口授，功夫無息法自修」，社會上學太極拳者甚多，公園裏每見成群結隊的愛好者。二十四式、四十八式，太極扇，太極劍，練完這個練那個；哪裏有什麼大慶典，一高興就可以拉起萬人的太極拳隊伍。

行內人明白，修道者多如牛毛，得道者鳳毛麟角，上萬人的隊伍中沒有幾個真會太極的，所玩不過拳操而已。老百姓不知道，真太極是公園裏、影碟裏、一般太極拳老師那裏學不來的。

我早年練外家拳械，後知內家拳理精深，改練內家拳的功夫，從1980年練太極至今，投訪名師未斷。最初老師是吉林市劉馨醫生，練的八十八式，基本上屬於楊澄甫的拳路。後曾得到阜新市趙忠煜老師點化，從此練太極未輟。曾兩次到北京王培生老人家拜訪請求指教，問他打敗日本拳師的秘訣是什麼。老人家告訴我「全是意念」。又曾去北戴河李經梧老人家拜訪，老人家讓我看他與學生推手，推打李老者無不有來無回，或飛或跪，東倒西跌。李

199

老師告訴我「練到一個指頭來進攻也能化能發」。

我長期練太極不停，在前人單雙推手、大捋基礎上，我也總結了許多推手樣式，與人同練，遇有鬥毆終能化險為夷，一起玩的朋友已能徒手與六個流氓棍棒磚頭打半個小時不分上下，最終朋友抓住歹徒並扭送公安機關。我也曾在報紙雜誌上發表太極拳論文幾十篇，來跟我學太極者遍佈省內外。

十年前，當我聽說瀋陽胡學智老師太極拳練得好，就想方設法登門求教，自恃十幾年的太極功夫，問胡老師可否是中乘水準，胡師笑曰「門還未入」，不信，與之較技推手，無不敗北，如夜行踩空，如溜冰滑倒，又被胡師拉住；以鬆手點我指尖則痛入骨髓；反擰其臂，將胡老師按倒在地、甚至按到牆上也反被胡老師打出；年近七旬的胡老師竟能用肩頭靠打我的小腿，這是楊露禪才有的功夫啊！其擒拿與反擒拿尤其厲害，看胡老師的樣子，精神矍鑠而又毫不費力；問其理論也是用意不用力，與王培生、李經梧如出一轍也。

於是，終於心中服氣。這是真太極名家，真太極全國沒幾個也！乃磕頭拜師學藝，再不旁騖。

我的拳友，專業武術家馬相國、江湖人稱「鐵臂劉」的劉世軍兩位先生，都曾到胡老師家拜訪學藝，與胡師推手擒拿，莫不歎為神奇。遼寧省散打隊總教練王憲文先生多次到胡師家切磋技藝，胡師坐在床邊，王總教練用多種招數進攻，均被化發；起腿進擊，又被胡老師擊中襠部，結果心服口服，引以為師，從此常去胡老師拳場或家中討

教學習。胡老師常說：「這些二百多斤的東北大漢在太極拳這裏撇輕撇輕的。」尤其難能可貴的是，胡老師與來訪高手過招，總是點到為止，從不傷人──打出去又拉回來，右手打出去左手又接住，拿得你痛徹骨髓卻不發生骨折──這是一種境界，達不到這種境界的拳家往往不慎傷人。1997年有法國代表團來沈訪問，專程觀看胡老師及其弟子的太極拳與推手表演。

幾十年來，胡老師的弟子遍及海內外。胡老師練的是從父親胡星齋老先生那裏繼承來的原汁原味的楊建侯太極拳，與楊澄甫太極拳不同處較多，富含螺旋纏絲之勁，離陳氏太極拳特色未遠；而全體透空、引進落空、拳從口出之詭怪刁鑽更令人難以揣測。

雖然胡老師學歷不高，但由於練太極而智慧開發，講起拳理，提出「點狀人體形象，練得如同粉末」，對敷蓋對吞等高深理論見解獨到。曾在武術雜誌上發表多篇文章。又待人以誠，深受身邊人們的愛戴，在工作崗位，胡老師曾做過列車長，胡老師常說：「人成藝才成，人不行的技藝也不會好。」

胡老師年過七旬，身無「三高症」之類的老年病；師爺活到93歲才過世，的確，真太極不但技擊而且長壽也。這十年向胡老師學拳，我懂得了收臀，腰脊為軸，主宰於腰，輕柔，不用力，連綿不斷，與人推手偶爾也有不用力而對方飛出的情況，但總不如胡老師嫻熟老練，爐火純青，自知用功不夠，老師的東西還沒有學全，還沒練到身上。我總是向練太極的朋友說：「要練真太極，去找胡老

師。」

下面我就自己分別練了二十年的楊澄甫八十八式太極拳和練了十多年的楊健侯拳架這兩路拳不一樣的地方談一點兒個人體會：

1. 楊澄甫拳的起勢，在楊健侯拳裏是雙按掌。

胡老師作雙按掌，有化有發，是打人的；胡老師站那裏，誰推他，誰自己就失去重心，站立不穩……

雙按掌的意思在陳氏太極拳起勢、金剛搗碓、懶紮衣的一些動作中還能見到。

2. 楊澄甫拳的攬雀尾專有一式叫掤，在楊健侯拳裏則處處都是掤。

胡老師的攬雀尾只有按、捋、擠三個動作，不是掤、捋、擠、按四個動作。

3. 楊澄甫拳的單鞭先動右手再左手，楊健侯拳裏是兩手同時動作（楊健侯拳裏也是同時動作）。

4. 雙推手，楊澄甫拳掤捋擠按連綿不斷，楊健侯拳掤捋擠按中有一空。

5. 楊澄甫拳一般不講纏絲勁，而楊健侯拳則講究螺旋纏絲，講沾黏連隨，一臂三力。

還有一些體會，恕不詳述。我在這裏無意評價太極拳前輩誰高誰低，只是要說，哪一門拳種都會有家傳與外傳的不同，都會有秘傳與真傳。

作為胡老師的學生，我們（馮海波、許又川、方憲、楊德全等參與了此書的技術性工作）一直期盼著他的這本「真太極」著作得以正式出版，現在機緣巧合，遼寧科學

技術出版社的壽亞荷、王實兩位老師慧眼識珠，胡老師也欣然同意，這才促使這本書得以問世，實在是太極拳界所有同仁的一件大好事！我也借此機會略表珍重一代太極宗師楊健侯太極拳的心跡。

欲學真功訪明師，想學真太極，要看《楊健侯太極拳真傳》。

白雲峰
謹識於遼寧彰武

彩色圖解太極武術

定價220元

定價220元

定價220元

定價220元

定價350元

定價350元

定價350元

定價350元

定價350元

定價350元

定價350元

定價350元

定價350元

定價220元

定價220元

定價220元

定價350元

定價220元

定價350元

定價350元

定價220元

定價220元

定價220元

養生保健　古今養生保健法 强身健體增加身體免疫力

發療養生氣功
定價250元

中國氣功圖譜
定價250元

少林醫療氣功精粹
定價250元

龍形實用氣功
定價220元

魚戲增視强身氣功
定價220元

道家玄北氣功
定價200元

仙家秘傳祛病功
定價160元

少林十大健身功
定價180元

中國自控氣功
定價250元

醫療防癌氣功
定價250元

醫療强身氣功
定價250元

醫療點穴氣功
定價250元

中國八卦如意功
定價180元

正宗馬禮堂養氣功
定價420元

道家筋經內丹功
定價300元

三元開慧功
定價250元

防癌治癌新氣功
定價180元

確定與儒家氣功修煉
定價200元

顛倒之術
定價360元

簡明氣功辭典
定價360元

八卦三合功
定價230元

朱砂掌健身養生功
定價250元

抗老功
定價230元

意高按穴排濁自療法
定價250元

健身祛病小功法
定價200元

張氏太極混元功
定價250元

中國少林禪密功
定價200元

郭林新氣功
定價400元

太極
定價280元

現代原始氣功
定價400元

開脈太極
定價300元

養生樁氣入門修鍊
定價300元

太極內功養生法
定價180元

無極養生氣功
定價200元

小周天健康法
定價200元

易筋經
定價350元

洗髓經
定價400元

精功易簡經
定價200元

武家降門七心法氣功
定價280元

少林健身法
定價200元

養生導引術
定價180元

養生長壽功
定價200元

太極拳內功養生心法
定價280元

意拳
定價280元

靜坐要訣
定價200元

太極武術教學光碟

歡迎至本公司購買書籍

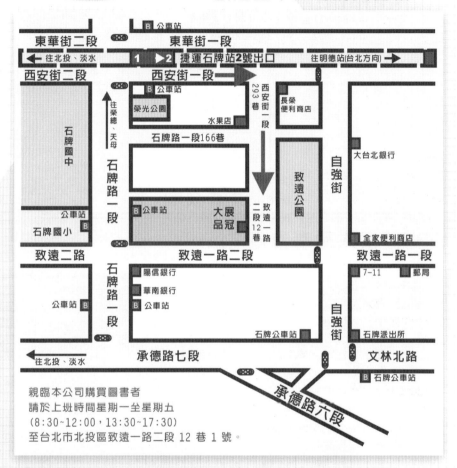

親臨本公司購買圖書者
請於上班時間星期一至星期五
(8:30~12:00，13:30~17:30)
至台北市北投區致遠一路二段 12 巷 1 號。

建議路線
1. 搭乘捷運‧公車
　　淡水線石牌站下車，由石牌捷運站２號出口出站(出站後靠右邊)，沿著捷運高架往台北方向走(往明德站方向)，其街名為西安街，約走100公尺(勿超過紅綠燈)，由西安街一段293巷進來(巷口有一公車站牌，站名為自強街口)，本公司位於致遠公園對面。搭公車者請於石牌站(石牌派出所)下車，走進自強街，遇致遠路口左轉，右手邊第一條巷子即為本社位置。

2. 自行開車或騎車
　　由承德路接石牌路，看到陽信銀行右轉，此條即為致遠一路二段，在遇到自強街(紅綠燈)前的巷子(致遠公園)左轉，即可看到本公司招牌。

國家圖書館出版品預行編目資料

楊健侯太極拳真傳 ／ 胡學智 著
　　——初版，——臺北市，大展，2014〔民103 .03〕
　　　面；21公分 ——（楊式太極拳；6）
　　　ISBN　978－986－346－005－3（平裝；附數位影音光碟）

1.太極拳
528 . 972　　　　　　　　　　　　　　　　　102028014

楊健侯太極拳真傳 附 DVD

著　　者／胡學智
責任編輯／壽亞荷　　王　　實
發 行 人／蔡森明
出 版 者／大展出版社有限公司
社　　址／台北市北投區（石牌）致遠一路2段12巷1號
電　　話／（02）28236031 · 28236033 · 28233123
傳　　眞／（02）28272069
郵政劃撥／01669551
網　　址／www.dah-jaan.com.tw
E - mail ／ service@dah-jaan.com.tw
登 記 證／局版臺業字第2171號
承 印 者／傳興印刷有限公司
裝　　訂／承安裝訂有限公司
排 版 者／弘益電腦排版有限公司
授 權 者／遼寧科學技術出版社
初版1刷／2014年（民103年）3月

定　價／330元

大展好書　好書大展
品嘗好書　冠群可期